BLT

Azzedine Guellouz, Dozent der Geisteswissenschaften, promovierter Historiker der modernen Geschichte und einer der wenigen ausländischen Studenten der französischen Elitehochschule *École nationale d'administration* (ENA), leitete die Nationalbibliothek in Tunis und war danach sechs Jahre lang Botschafter Tunesiens bei der UNESCO. Derzeit lehrt er Geschichte an der *Université de Paris I.* Er ist Autor zahlreicher Publikationen, wobei seine Beteiligung an dem Werk *Le Fait religieux* unter der Federführung von Jean Delumeau, Fayard, 1993, und dem Gemeinschaftswerk *Les Arabes, l'Islam et l'Europe* mit André Miquel und Dominique Chevallier, Flammarion, 1991, besonders hervorzuheben sind.

AZZEDINE GUELLOUZ

DER KORAN

Ausführungen zum besseren Verständnis
Anregungen zum Nachdenken

Aus dem Französischen von
Heike Buerschaper

BLT

BLT
Mensch & Wissen
Band 3

1. Auflage: November 1998
2. Auflage: November 2001

BLT ist ein Imprint der Verlagsgruppe Lübbe

Deutsche Erstveröffentlichung
Der Titel der französischen Originalausgabe
LE CORAN
ist in der *Collection DOMINOS* erschienen.

Lektorat: Nicola Bartels/Vera Thielenhaus
Einbandgestaltung: © by Flammarion
Satz: Textverarbeitung Garbe, Köln
Druck und Bindung: Groupe Hérissey, Évreux Cedex
Printed in France
ISBN 3-404-93003-7

Inhaltsverzeichnis

Fachbegriffe, die im Glossar näher erläutert werden,
sind bei ihrer erstmaligen Erwähnung im Text
mit einem * gekennzeichnet.

Vorwort

Von allen großen Debatten unseres Jahrhunderts gibt es wohl kaum eine, bei der man die Religion außer acht lassen könnte. Diskutiert man religiöse Probleme, dann kommt man nicht umhin, auch vom Islam* zu sprechen.

Der Islam ist wie einige andere Religionen dieser Erde eine Buchreligion, und für ihn ist dieses Buch der Koran.

Am Beginn eines dem Koran gewidmeten Werkes muß man sich darauf gefaßt machen, sofort mit Debatten konfrontiert zu werden, die sich mit der Dogmatik und den Vorschriften, ihrer Begründung, ihrer Legitimität und ihrem Kontext beschäftigen. Der Dialog mit dem Inhalt der koranischen Botschaft erfordert jedoch gewisse Vorkenntnisse. Das Lesen des Korans setzt das Verständnis seiner Sprache voraus, und dabei genügt nicht die Kenntnis des Wortschatzes und der Syntax, sondern es muß auch der formale Aufbau des Korans berücksichtigt werden, der ihn bestimmt und der von ihm bestimmt wird. Dergestalt, daß der am Islam Interessierte genauso wie der Anhänger dieser Religion nichts zu verstehen vermag, ehe er nicht alles gelesen hat oder doch wenigstens einen auf die Lektüre vorbereitenden Erwartungshorizont aufgebaut hat.

Die Konzeption dieses Buches trägt sicherlich dem Bedürfnis Rechnung, dem zum Nachdenken anregenden

Essayteil einen Sachteil zum besseren Verständnis voranzustellen. Das Thema jedoch macht es unmöglich, den historischen und strukturellen Kontext des Korans strikt von seiner Botschaft zu trennen. Denn eine Eigenart dieses heiligen Textes ist die untrennbare Zusammengehörigkeit von Geschichte, Struktur und Inhalt.

Marokkanischer Koran des 17. und 18. Jahrhunderts

Bibliothèque des Arts décoratifs, Paris.
Ph. © J.-L. Charmet.

Der Koran, ein Buch

Hintergrund

Das Wort »Koran« leitet sich von dem arabischen Wort *quran* ab, welches wiederum auf das Verb *qura'a* zurückgeführt wird. Im modernen Arabisch bedeutet *qura'a* »lesen«, »entschlüsseln«, und da man im allgemeinen nur einen niedergeschriebenen Text liest oder entschlüsselt, sagt man zum *Quran* auch oft nur »das Buch«.

Die etymologische Bedeutung des Wortes ist jedoch wesentlich umfassender und läßt sich wohl zutreffender mit »rezitieren« wiedergeben. Die Tätigkeit des *qura'a* kann sich auf eine mündlich übertragene Botschaft genausogut beziehen wie auf einen schriftlichen Text; *qura'a* kann aber auch heißen, daß ein Text oder eine Botschaft jemandem aus dem Gedächtnis vorgetragen wird, damit dieser sich den Text einprägt.

Geht dem Substantiv *quran* der bestimmte Artikel *al* voraus, so bezeichnet der Ausdruck *al-Quran* ein ganz bestimmtes Buch, nämlich »Das Heilige Buch« der Muslime*, wie es in vielen europäischen Nachschlagewerken heißt. Diese klassische Definition trifft jedoch nicht hundertprozentig zu, denn sie sagt nichts über den besonderen Status der Heiligen Schrift in der muslimischen Religion aus. Dieser besondere Stellenwert ist oft Kernstück der Fragen, die der Islam aufwirft und sich auch selbst stellt.

Andere Religionen, die wie der Islam auf einem Buch fußen, beziehen sich auf heilige Texte mit Dogmen und Vorschriften, welche als *göttlich inspiriert* angesehen werden. Der Koran hingegen wird als göttliche *Offenbarung** verstanden. Dies ist ein ganz wichtiger Unterschied, der von Nichtmuslimen, die den Islam kennenlernen möchten, aber auch von Muslimen, die anderen Religionen gegenüber durchaus aufgeschlossen sind, häufig übersehen wird. Sowohl die einen als auch die anderen gehen beispielsweise davon aus, daß die Bibel und die Evangelien einerseits und der Koran andererseits auf dieselbe Weise entstanden sind.

Doch es bestehen Unterschiede. Deren wichtigster ist der Unterschied zwischen einer *Inspiration* (also der Beeinflussung eines Subjektes, das zu einer Quelle der Inspiration oder Eingebung einen Gedanken empfängt und diesen dann zum Ausdruck bringt) und einer *Offenbarung* (bei der einem Subjekt ein Gedanke und dessen Ausdrucksweise enthüllt wird, dieser aber von der Quelle der Offenbarung stammt).

Für die Muslime ist der Koran das Buch, das die in sich geschlossene, vollständige Offenbarung Gottes einzig vor dem Propheten Mohammed beinhaltet. Es ist darin kein einziger Begriff enthalten, der nicht zu dieser Offenbarung passen würde und den man einem anderen Autor zuschreiben könnte, nicht einmal in den Sätzen des die Offenbarung einleitenden Textes, wie dies bei bestimmten Büchern der Bibel der Fall ist.

Im Unterschied zu den Evangelien ist der Koran kein Zeugnis, das mit Hilfe göttlicher *Inspiration* erstellt wurde oder das Aussagen oder Handlungen unter Einfluß dieser Inspiration wiedergibt. Diesen Unterschied gilt es um so mehr zu betonen, als dermaßen inspirierte Texte im Islam durchaus existieren, diese aber nicht Teil des

Korans sind. Es handelt sich dabei um die Schriften des *Hadith** (»Überlieferung, Tradition, Bericht«). Diese sorgfältig zusammengestellte Sammlung von Aussprüchen und Texten, die dem Propheten Mohammed zugeschrieben werden, ist eine weitere Quelle islamischer Dogmatik und islamischen Gesetzes und hat den Rang einer heiligen Schrift bzw. eines heiligen Textes in dem Sinne, wie diese Begriffe von anderen religiösen Traditionen verwendet werden. Niemand, am allerwenigsten der Prophet Mohammed selbst, räumt jedoch dem *Hadith* denselben Rang ein wie dem offenbarten Wort, dem von Gott selbst diktierten, für das der Begriff *al-Quran* steht.

Daher ist die Tatsache bedeutend, daß der Koran sich selbst an den siebzig Stellen seiner Erwähnung im Text mit der Bezeichnung *al-Quran* betitelt. Den gläubigen Leser erinnert diese Bezeichnung sofort an die Bedeutung des Propheten beziehungsweise der *Botschaft*, welche von Anfang an als ein Ganzes konzipiert ist. Es handelt sich um ein Buch, das dem Gesandten zur Überlieferung aufgetragen wurde, dessen Urheber er aber nicht ist. Der Koran ist der Verfügungsgewalt der Menschen, auch der Mohammeds, entzogen. Zu sagen, Mohammed sei der Autor des Korans gewesen, wird als Gottlosigkeit zurückgewiesen. Für den nichtgläubigen Leser und den Forscher – unabhängig davon, ob man an Gott als Autor dieses Werkes glaubt oder nicht – bedeutet diese Bezeichnung, daß der Text des Korans als ein in allen Teilen völlig in sich geschlossenes Ganzes zu lesen ist. Trotz eines wissenschaftlichen Ansatzes bei der Analyse all seiner Aspekte muß stets berücksichtigt werden, was der Text über sich selbst aussagt. Ehe man eine detaillierte Untersuchung des Korantextes vornimmt, müssen die Umstände der Offenbarung und die Biographie des Propheten Mohammed analysiert und in das zu seinen Lebzeiten herrschende Umfeld eingeordnet werden.

Mekka vor dem Islam

Mohammed (eigentlich Muhammad Ibn Abd Alla) ist eine historische Persönlichkeit. Wenngleich die Datierungen nicht immer ganz genau sind, so sind seine Lebensabschnitte doch bekannt, und die unterschiedlichen Datierungen sind ohne Belang für die Frage, ob sich diese Ereignisse nun tatsächlich abgespielt haben oder nicht.

So steht fest, daß Mohammed zwischen 569 und 571 n. Chr. geboren wurde, wahrscheinlich aber im Jahr 570 n. Chr., dem Jahr des Elefanten. Zu dieser Bezeichnung kam es, weil Mekka damals von den mit Elefanten ausgerüsteten Truppen des abessinischen Herrschers Abraha angegriffen wurde, Gouverneur des unter der Oberherrschaft Äthiopiens stehenden Jemen. Diese äthiopische Invasion hatte man, besonders in Mohammeds Familie, nicht vergessen. Sein Großvater, der zur Oligarchie der Stadt gehörte, hatte eine herausragende Rolle bei den Verhandlungen gespielt, die die Besatzung der Stadt beendeten.

Mekka war damals wegen der zahlreichen sich in dieser Stadt kreuzenden Karawanenstraßen wichtiger Knotenpunkt, und die in Mekka ansässigen Kaufleute hatten eine Schlüsselposition im Handel der Region inne. Die Stadt hatte sich aufgrund des ganz in der Nähe stattfindenden Handelsmarktes von Ukaz, anläßlich dessen auch poetische und rhetorische Wettbewerbe stattfanden, zu einem kulturellen Zentrum entwickelt.

Die besondere Stellung der Stadt führte dazu, daß sich in Mekka regelmäßig Anhänger unterschiedlicher Religionen und Götterkulte trafen und gegenseitig respektierten. Ein *modus vivendi* führte sogar dazu, daß all diese Religionen, oder genauer gesagt ihre sämtlichen Götter und Gottheiten, Einlaß fanden in ein einzigartiges Heiligtum, der *ka'aba* (etymologisch mit Kubus = Würfel verwandt), Ort der gemeinschaftlichen Verehrung und des gemeinsamen Kultes.

Jeder zollte der Kaaba seine Ehrerbietung, was auch in einer jährlichen Wallfahrt zu diesem Ort zum Ausdruck kam. Im Rahmen eines allgemeinen Gottesfriedens galten für die Zeit der Wallfahrt sowie den vorausgehenden und den nachfolgenden Monat besondere Gesetze. Diese Zeit war gewissermaßen heilig. In ihr ruhten die Waffen zwischen den sich in zahllosen Auseinandersetzungen bekämpfenden Stämmen. Wer dieser Vereinbarung zuwiderhandelte, wurde geächtet. Die aus den Reihen der Stadtaristokratie stammenden Oberpriester des gemeinsamen Tempels widmeten sich vornehmlich zwei Hauptaufgaben: dem Unterhalt des Tempels und der Verteilung des heiligen und knappen Wassers der Zamzam-Quelle unter den Pilgern.

Es handelte sich um uralte und in hohem Maße institutionalisierte Sitten, die im übrigen auch außerordentlich eng mit der Organisation und der Verwaltung der Stadt verwoben waren. Daher vermochten sich anscheinend selbst die Anhänger der Buch- oder Schriftreligionen – also die Juden und Christen – mit dieser Einrichtung recht gut zu arrangieren. So beherbergte die Kaaba zu der Zeit, als sich Mekka dem Propheten unterwarf, eine Darstellung Abrahams mit Ismael – Ismael ist der erste Sohn Abrahams und Stammvater der Araber; für Mohammed galten Abraham und Ismael als Errichter der

Kaaba – und eine weitere, auf der die Jungfrau mit dem Kind zu sehen ist, Seite an Seite mit mehr als dreihundert anderen Götzenbildern, welche die unzähligen, in der Region verehrten Gottheiten darstellten.

Einige unabhängige Denker der unterschiedlichen Glaubensgemeinschaften sowohl des Buches als auch heidnischen Ursprungs erklärten ihre Distanz zu all den sie umgebenden Glaubensrichtungen und demonstrierten ihren Glauben an einen einzigen Gott und an eine universelle Moral. Sie wurden *hunufa* genannt (Plural von *hanif* = Gottsucher oder Rechtgläubiger), was soviel wie Anhänger des Glaubens an die wahren »Urwerte« bedeutet, und auch sie selbst bezeichneten sich so. Diese Lehre, die den Glauben an einen einzigen Gott verkündete, bezog sich auch auf Abraham, Träger der ursprünglichen göttlichen Botschaft. Denn Abraham lebte vor Mose und Jesus, deren Lehren sich Juden und Christen zu eigen gemacht hatten, und seine Botschaft schien frei zu sein von alldem, was die Geistlichen beider Glaubensrichtungen hinzugefügt hatten.

Als kritische Beobachter der um sich greifenden geistigen Dekadenz und übermäßigen Nachgiebigkeit distanzierten die *hunufa* sich sowohl von den Götzenanbetern als auch von den Anhängern der offenbarten Religionen, denen sie die Entartung zu einem seelenlosen Formalismus zum Vorwurf machten. Dies hielt jedoch eine ganze Reihe von ihnen nicht davon ab, die mit dem Kaabadienst und den ökumenischen Pilgerreisen zur Kaaba verbundenen liturgischen Funktionen zu übernehmen und nach entsprechenden Posten zu trachten – Ausdruck nicht nur für einen die verschiedenen Kulte transzendierenden symbolischen Wert, den die *hunufa* der Kaaba beimaßen, sondern auch für die soziale Funktion dieser Institution.

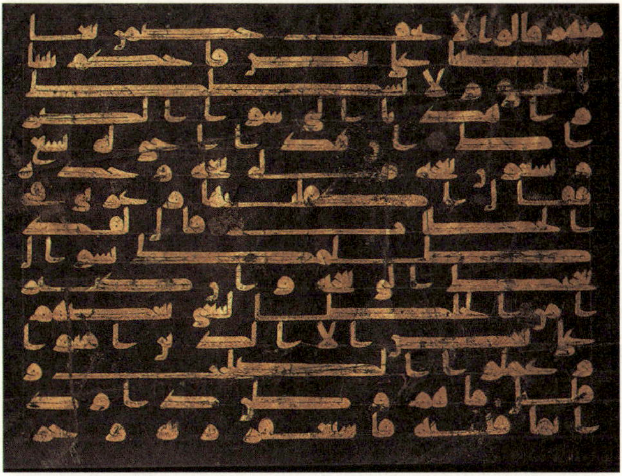

Koran aus Kairuan
Kufische Schrift auf blauem Pergament.
Nationalbibliothek von Tunis.
Ph. © R. Michaud.

Mohammed vor dem Koran

Mohammed wurde in Mekka geboren und wuchs dort in einem Umfeld auf, das es ihm erlaubte, die in der Stadt herrschende kulturelle und geistige Vielschichtigkeit wahrzunehmen und von ihr zu profitieren. Kurz vor seiner Geburt war sein Vater Abdallah, Sohn des Abdalmuttalib aus einer einflußreichen Familie der Koraisch, in der ungefähr 400 Kilometer von Mekka entfernt liegenden Stadt Jathrib gestorben. (Jathrib ist die vorislamische Bezeichnung für Medina.)

Die junge Witwe handelte der herrschenden Sitte entsprechend und gab das Kind in die Obhut einer Amme bei einem Beduinenstamm. Dort sollte das Kind die urwüchsig strenge, aber auch unverfälschte Lebensweise dieses Volkes miterleben – was als Schule fürs Leben galt. In dieser Atmosphäre fern der Dekadenz städtischen Lebens hatte sich besonders die Sprache eine Einfachheit und Ursprünglichkeit bewahrt, die im kosmopolitischen Leben Mekkas bereits verlorengegangen war.

Die Amme hieß Halima und gehörte zu dem Stamm der Banu Sa'd, weshalb man sie oft auch Halima as-Sa'diya nannte. Ihr Name wird von den Muslimen in Ehren gehalten, denn der Prophet sprach von ihr immer mit Achtung und behandelte die Banu Sa'd wie seine Blutsverwandten. Auch als er sich schon voll und ganz dem städtischen Leben Mekkas hingegeben hatte, war er immer noch stolz darauf, das Nomadenleben gleichermaßen gut zu kennen. So stolz, daß er auf die überschwenglichen Komplimente eines Gesprächspartners ob seiner Gewandtheit in der arabischen Sprache folgendes antwortete: »Ich wurde im Stamm der Koraisch geboren und im Stamm der Banu Sa'd großgezogen; wo hätte ich mir da die Sprache verderben können?«

Die Zeit des *radha'a* (wörtlich: des Stillens) dauerte im allgemeinen viel länger als die eigentliche Stillzeit. Erst im Alter von sechs Jahren kehrte Mohammed zu seiner Mutter zurück und hatte auf diese Weise das Leben eines Hirtenjungen bei den Beduinen kennengelernt.

Schon bald nachdem er nach Hause zurückgekehrt war, starb auch seine Mutter. Der Junge wurde der Vormundschaft seines Großvaters Abdalmuttalib unterstellt. Dieser behandelte ihn wie seinen eigenen Sohn, und so fing auch die Gesellschaft Mekkas an, ihn als solchen zu betrachten; oft wurde er Mohammed Ibn Abdalmuttalib genannt. Seine ersten Jahre in der Stadt hat Mohammed also im Haushalt seines Großvaters verbracht. Dieser Großvater war eine der großen, um nicht zu sagen eine der bedeutendsten Persönlichkeiten Mekkas. Er hatte das angesehene Amt des Wasserbeauftragten inne, und dieses Amt begründete sowohl seinen Rang unter den Verwandten vom Stamm der Koraisch als auch die Vorrangstellung der Koraisch unter den Einwohnern Mekkas. Abdalmuttalib, Führer des Stammes der Koraisch, war zudem von sehr hoher Geburt. Er war Enkel des Fihr mit dem Spitznamen Quraish (Diminutiv von *qarsh*, worin die Bedeutung »streng« mitschwingt). Dieser Fihr war wiederum Sohn des Qusayy, der gegen Ende des vorangegangenen Jahrhunderts als erster für seine Familie das Gelände um die Kaaba erworben hatte und den Seinen somit tempeldienstliche Privilegien verschafft hatte. In der Genealogie wird seine Herkunft auf Ismael, Sohn von Abraham und Hagar, zurückgeführt.

Abdalmuttalib hatte es noch zu anderen ansehnlichen Titeln gebracht. So wurde er nach seinen erfolgreichen Verhandlungen mit den abessinischen Eindringlingen, die mit ihrem Feldzug im Jahr des Elefanten erfolglos versucht hatten, die Kaaba zu zerstören, zum höchsten Würdenträger des Tempels ernannt.

Schließlich erklärte er sich zum *hanif*. Das Leben und die Ansichten des Großvaters müssen bei seinem Enkel Mohammed einen nachhaltigen Eindruck hinterlassen haben. Als Abdalmuttalib starb, wurde dessen Sohn Abu Talib zum Anführer der Sippe und erbte auch das Amt des Wasserbeauftragten. Außerdem übernahm er die Vormundschaft für seinen kleinen Neffen. Er, der selbst *hanif* war, ermöglichte dem Kind die gleiche Erziehung, die er auch seinem eigenen Sohn Ali, der ein paar Jahre jünger als der Cousin war, angedeihen ließ. In Anbetracht der Tatsache, daß die Schrift erst in der vorangegangenen Generation in diese Gemeinschaft eingeführt worden war, dürfte die reine Schulbildung bei dieser Erziehung eine eher untergeordnete Rolle gespielt haben. Statt dessen konnte sich der junge Mohammed in einem Bereich seine ersten Sporen verdienen, in dem bereits seine ganze Familie Erfolg gehabt hatte: im Karawanenhandel. Schon bald nahm er an nach damaligen Maßstäben langen Reisen wie nach Syrien, Jemen, möglicherweise sogar über das Meer nach Äthiopien teil; Reisen, die seine Bereitschaft und Fähigkeit, Verantwortung zu übernehmen, unter Beweis stellen und fördern sollten. Ansonsten unterschied sich die Lebensweise des jungen Mannes in keiner Weise von der Gleichaltriger, sieht man davon ab, daß er für seine Loyalität bekannt war; so vertrautem ihm seine Mitbürger z.B. ihre Wertsachen an und trugen ihm Streitfälle vor. So kam er zu dem Beinamen *al-Amin* (der, dem man vertrauen kann).

Auch Handelsleute übertrugen ihm die Verantwortung für ihre Karawanen, darunter eine reiche Witwe namens Khadija bint Khuwaylid (Chadidscha). Im Jahre 591 wurde er ihr Handlungsbevollmächtigter, 596 ihr Ehemann. Er war fünfundzwanzig Jahre alt, sie vierzig, vielleicht aber auch jünger. Auf jeden Fall war der Altersunterschied groß genug, um in Berichten immer wieder herausgestellt zu werden. Er wird von allen Biographen erwähnt, ebenso wie die zärtliche Hingabe und Tüchtigkeit der Gattin und Vertrauten, der ihr junger Ehemann eine große Zuneigung entgegenbrachte. Das Paar hatte mehrere Kinder, von denen neben Fatima nur Umm Kultum und Ruqaiya überlebten. Fatima wurde später die Ehefrau Alis, eines Cousins des Propheten, der vierter Kalif (von *chalifa*, Nachfolger) wurde. Umm Kultum und Ruqaiya wurden nacheinander seinem Vorgänger Othman zur Frau gegeben, dem dritten Nachfolger des Propheten. Othman war es auch, der den offiziellen Text des Korans herausgab.

Die mekkanische Offenbarung

Wichtig ist, daß Chadidscha die erste war, die an die Berufung des neuen Propheten glaubte. Es geschah im Jahre 610, im Monat des Ramadan*. Mohammed war vierzig Jahre alt, sie muß über fünfzig gewesen sein. Vollkommen aufgewühlt kehrte er von einer Höhle am Berge Hira zurück, wo er wie viele andere, so auch sein eigener Großvater, über mehrere Jahre hinweg regelmäßig ein paar Tage und Nächte des Monats in Meditation verbrachte. Er hatte gerade eine Vision gehabt, in der ihm die ersten fünf Verse des Korans diktiert worden waren: *Trag vor im Namen deines Herrn, der erschaffen hat, den Menschen aus einem Embryo erschaffen hat! Trag (Worte der Schrift) vor! Dein höchst edelmütiger Herr ist es ja, der den Gebrauch des Schreibrohrs gelehrt hat, den Menschen gelehrt hat, was er (zuvor) nicht wußte.* (Sure* 96, 1-5)[1]

Mohammed war wie gelähmt, er fürchtete, nur eine Halluzination gehabt zu haben. Aber seine Gefährtin beruhigte ihn: Genoß er unter seinen Landsleuten nicht den Ruf großer Aufrichtigkeit, einen Ruf, der ihm sogar den Beinamen *al-Amin* eingebracht hatte? Wie hätte ihm da die göttliche Gerechtigkeit eine Falle stellen können? Seine Vision war kein Hirngespinst, konnte keines sein. Chadidscha ging noch weiter: Sie holte Rat bei einem ihrer Verwandten, einem Christen und Sympathisanten

---

1 Im französischen Original hat der Autor Azzedine Guellouz die entsprechenden Textstellen selbst übersetzt. Da es sicherlich nicht im Sinne des Erhalts des koranischen Wortes ist, Suren auf Grundlage einer französischen Übersetzung ins Deutsche zu übertragen, stütze ich mich auf die Koranübersetzung Rudi Parets, wobei ich auch immer wieder die Übersetzung Adel Theodor Khourys konsultiert habe. (Anm. d. Üs.)

der *hunufa.* Dieser bestätigte ihr, keinen Widerspruch finden zu können zwischen den ihm bekannten Texten und der Vision, die seinen entfernten Verwandten so aus der Ruhe brachte.

Nach einer langen Unterbrechung von ungefähr drei Jahren wurden Mohammed neue Offenbarungen zuteil, und von da an verkündete er sie auch. Die Offenbarungen riefen je nach Zuhörerschaft entweder bedingungslose Anhängerschaft, Sympathie oder aber Feindseligkeit hervor. In den offenbarten Texten klingt diese tägliche Auseinandersetzung mit den Landsleuten durchaus an. Die späteren theologischen Debatten hatten im Grunde ihren Ursprung in den Reaktionen dieser Landsleute.

Die Zahl derer, die an die Offenbarungen glaubten und sich dazu bekannten, war zunächst begrenzt und bestand lediglich aus einigen nahestehenden Verwandten und Freunden. Aus den Reihen des eigenen Stammes kam jedoch auch der stärkste Widerstand – seitens derer, die durch eine religiöse Erneuerung auf Grundlage solcher Offenbarungen ihre klerikalen Privilegien bedroht sahen. In den Jahren 610 bis 619 wurde der Stamm der Koraisch von Mohammeds Onkel Abu Talib geführt. Als überzeugter *hanif*, der seinem Neffen sehr verbunden war, ohne jedoch der neuen Religion beizutreten, hielt er die Koraisch zur Solidarität mit ihrem Verwandten an. Diese Solidarität geriet auch dann nicht ins Wanken, als die Familie unter moralischen, sozialen und wirtschaftlichen Druck geriet, der bis zur Ächtung führte.

Als Chadidscha im Jahre 619 starb, verlor Mohammed eine wertvolle Stütze, zumal dies auch das Todesjahr Abu Talibs war. Die Leitung des Stammes der Koraisch sowie die Verantwortung für die Wasserquellen von Zamzam wurde einem jüngeren Onkel Mohammeds übertragen, Abu-Jahl, der den aufsässigen Neffen nie sonderlich gemocht hatte. Dieser mächtige Patriarch sah sich im Gegensatz zu seinem Vorgänger keineswegs zur Stammessolidarität verpflichtet und erklärte den Schutz Mohammeds durch seinen Stamm für beendet.

Die medinische Offenbarung

Mit diesen Anfeindungen bahnte sich die »Auswanderung« Mohammeds, die Hedschra*, an, ein Wendepunkt in der Entwicklung des Islams. Mit seinem engsten und weisesten Freund Abu Bakr floh Mohammed nach Jathrib, das von diesem Tag an, dem 24. September 622, Madinat-ar-Rassul (die Stadt des Propheten) hieß. Später wurde der Name auf al-Madina (die Stadt) verkürzt, zu deutsch: Medina. Dort wurde Mohammed regelrecht erwartet, und zwar nicht nur von denjenigen, die die neue Lehre bereits kennengelernt und sich zu ihr bekannt hatten, sondern auch von einer großen Gruppe von Menschen, die neben ihren eigenen unterschiedlichen Religionen eine neue Glaubensrichtung und deren Anhänger zu akzeptieren bereit waren.

Schon seit ein paar Jahren hatte Mohammed anläßlich der jährlich stattfindenden Wallfahrt nach Mekka Kontakte zu einigen Einwohnern Jathribs geknüpft, die den neuen Glauben mit offenen Armen aufgenommen hatten. Jedes Jahr wuchs die Schar der Gläubigen, und man hatte den Propheten bereits um Ernennung eines »Missionars« gebeten. Die Zahl der Neubekehrten, die dieser dann auf die nächste Wallfahrt mitnahm, belief sich auf dreiundsiebzig. Im Jahre 620 oder 621 traten zwei der einflußreichsten medinischen Stämme, die Khazraj und die Aws, kollektiv dem neuen Glauben bei und besiegelten dies mit dem Pakt von Akaba. Noch wichtiger war aber, daß die gesamte medinische Bevölkerung, Juden und Christen ebenso wie die *hanif*, allen Ausgewanderten einen ehrenhaften Empfang bereitete, und dies zu einer Zeit, in der es für die Muslime im allgemeinen und für den Propheten im besonderen in Mekka immer schwieriger wurde.

Die Erklärung Abu-Jahls, mit der Mohammed aus dem Stamm ausgestoßen wurde, stellte eine ernste Bedrohung für ihn dar. Von nun an hätte er Opfer aller möglichen Schikanen, sogar eines Attentates werden können. Tatsächlich wurde ein solches Attentat vorbereitet, dem er sich aber durch die Flucht nach Jathrib entziehen konnte. Der Verbannte fand dort eine Zuhörerschaft vor, die den Kreis der Bekehrten weit übertraf; höchstwahrscheinlich, da ganz Medina von dem Verlust der Rivalin Mekka profitieren wollte. Die Einwohner Mekkas waren sich dieser Entwicklung bewußt und begnügten sich nicht damit, die Unruhestifter ins Exil getrieben zu haben. Sie verübelten den Menschen in Medina darüber hinaus die Aufnahme der Verbannten. Sie hatten das Eigentum der Überläufer einbehalten, und das, obwohl es Mohammed immer als seine Pflicht betrachtet hatte, die ihm wegen seines Rufs als *al-Amin* anvertrauten Wertsachen zurückzugeben. In Mekka verlangte man von den Einwohnern Medinas, den Überläufern und ihrem Anführer die Aufnahme zu verweigern und eine Art kollektiver Ausweisung vorzunehmen.

Diese Forderungen und die Nachhaltigkeit, mit der sie zum Ausdruck gebracht wurden, bewirkten genau das Gegenteil. Um Mohammed und die Muslime entstand zunächst eine aus den in Jathrib lebenden Stämmen bestehende, eingeschworene Gemeinschaft, die trotz der Angehörigkeit von Muslimen, Juden und Christen zur politischen Einheit wurde. Der neue Stadtstaat erhielt eine schriftliche Verfassung, deren Text erhalten geblieben ist.

Während dieser Zeit lernte Mohammed alle Vor- und Nachteile und auch alle Sorgen einer Position an der Spitze eines Staates kennen. Er mußte die Verteidigung gegen mögliche Angreifer organisieren und die Stadt in Abhängigkeit von gerade bestehenden Allianzen verwalten, die sich plötzlich ändern konnten. Berücksichtigt werden mußten auch die geheimen Absprachen, die manche Einwohner mit angeblichen Feinden getroffen hatten, und das doppelte Spiel, das einige betrieben. Unter solchen Umständen sammelte er Erfahrungen in der bewaffneten Auseinandersetzung, lernte Sieg (Badr, 624) und Niederlage (Uhud, 625) kennen. Ein entscheidender Augenblick war seine diplomatische Anerkennung als Staatsoberhaupt von Seiten seiner ehemaligen Mitbürger aus Mekka, die – mit Mohammed als nun gleichberechtigtem Vertragspartner – im Jahre 628 den Vertrag von al-Hudaybiya unterzeichneten. Dann erfuhr er seinen größten Triumph, als sich Mekka im Jahre 630 auf seine Seite schlug.

Die Hedschra stellte eine Art Wendepunkt dar; daher beginnt die muslimische Zeitrechnung mit diesem Datum. Auch war diese »Auswanderung« ein wichtiger Bezugspunkt in der Geschichte der Offenbarung. Bei den meisten arabischen Ausgaben des Korans sind die Suren als mekkanisch oder medinisch gekennzeichnet, was chronologische Bedeutung hat: vor oder nach der Hedschra offenbart. Diese Kennzeichnung, die im allgemeinen hinter dem Titel der Sure steht, wird in den klassischen Ausgaben des Korantextes ergänzt durch »*Ist offenbart worden nach* ...«, worauf dann der Titel der vorangegangenen Sure folgt, gemäß der chronologischen Abfolge der Offenbarung.

Im übrigen unterscheiden sich die mekkanischen Suren von den medinischen, welche – und das ist am augenfälligsten – im allgemeinen länger sind.

In Medina setzte sich die Offenbarung unter neuen Umständen fort. Ihr Stil – am Beispiel von Einzelfällen universelle Wahrheiten darzulegen – hat sich zwar nicht geändert, besagte Einzelfälle reflektierten nun aber das Leben der neuen Gemeinschaft. Die zur Diskussion stehenden Fragen sind nicht mehr die Fragen Ungläubiger, denen man das Gedankengut des wahrhaften Glaubens erst noch nahebringen muß, es sind die Fragen von Gläubigen, die ihr Leben dem Glauben entsprechend gestalten wollen. Die längeren Antworten darauf mußten aus einer ausführlicheren Darlegung allgemeiner Bestimmungen bestehen, die auch eine Regelung der vorgebrachten Einzelfälle erlaubte. Die Grundsatzfragen, die den Hintergrund der Botschaft von Mekka darstellen, nehmen entsprechend geringeren Raum ein.

Auf diese Art und Weise geht die Offenbarung weiter bis zum Tode Mohammeds am 8. Juni 632. Drei Monate zuvor hatte sich etwas höchst Symbolträchtiges abgespielt: Zum ersten und einzigen Male in seinem Leben machte Mohammed im März 632 nun selbst eine Wallfahrt nach Mekka. Sie ist unter dem Begriff »Abschiedswallfahrt« in die Geschichte eingegangen. Der Zustrom der Pilger zeigte, wie erfolgreich Mohammeds Werk gewesen war; die Zahlenangaben schwanken zwischen 90 000 und 130 000 Gläubigern. So etwas hatte es zu jener Zeit und in dieser Region noch nicht gegeben. Der Prophet ließ dort eine ganz besondere Verkündigung verlautbaren, die zugleich seine letzte war. Im übrigen wurden ihm ein Vers und eine Sure offenbart, die wie Vorzeichen schienen. In dem Vers heißt es: *Heute habe ich euch eure Religion vervollständigt (so daß nichts mehr daran fehlt) und meine Gnade an euch vollendet, und ich bin damit zufrieden, daß ihr den Islam als Religion habt.* (Sure 5,3) Die letzte offenbarte Sure besagt: *Wenn (über kurz oder lang) die Hilfe Gottes kommt und der (von ihm verheißene) Erfolg (sich einstellt), und (wenn) du siehst, daß die Menschen in Scharen der Religion Gottes (d. h. dem Islam) beitreten, dann lobpreise deinen Herrn und bitte ihn um Vergebung! Er ist gnädig (und bereit, dir deine Sünden zu vergeben).* (Sure 110)

Aufbau

Suren und Verse

Der Koran ist in arabischer Sprache verfaßt. Er besteht aus 114 Suren (Kapiteln), die ihrerseits in Verse eingeteilt sind. Insgesamt enthält der Koran 6535 oder 6500 Verse; die zwei Zahlen gehen auf jeweils unterschiedliche Verszählungen zurück.

Die Länge der Verse und Suren weicht erheblich voneinander ab. Neben Versen, die nur aus einem elliptischen Satz in Form eines einzigen Wortes bestehen, gibt es auch solche, die eine Aneinanderreihung mehrerer solcher Lehrsätze umfassen. Die unterschiedliche Länge der Suren ist noch augenfälliger: Die zweite und längste Sure umfaßt 286 Verse, die kürzesten, nämlich Sure 103, 108 und 110, haben lediglich drei Verse. Will man die Länge der Verse in Buchstaben bzw. Konsonanten ausdrücken – das Arabische schrieb damals noch keine Vokale –, so kommt man auf 25 500 (Sure 2) gegenüber 42 (Sure 108).

Die Surenlänge bewegt sich also zwischen diesen beiden Extremen. Eröffnet wird der Koran mit der ersten Sure *al-fatiha* (die Eröffnung), gewissermaßen eine Einleitung oder ein Prolog. Diese Sure aus acht Versen gehört zu den kürzesten. Die verbleibenden 113, die alle einen Titel tragen, sind der Länge nach geordnet, wobei die langen Suren vorne, die kürzeren entsprechend weiter hinten stehen.

Unter strikter Beachtung dieser Reihenfolge benutzen die verschiedenen Ausgaben des Korans unterschiedliche Einteilungen. Der Text des Korans ist in Abschnitte gleicher Länge unterteilt worden (sieben, dreißig oder sechzig), damit man je nach Fähigkeit – und Frömmigkeit – den Koran in sieben, dreißig oder sechzig Tagen lesen kann. Die Unterteilung in sechzig Abschnitte ist sicherlich die bekannteste, weil der Koran dergestalt gelehrt und entsprechend gedruckt wird. Jeder Leseabschnitt (*hizb*) ist wiederum in Hälften, Viertel und Achtel unterteilt. Seit Jahrhunderten wetteifern Kopisten und Drucker um die kunstfertigsten Illuminationen und die schönste Kalligraphie für den Beginn dieser Leseabschnitte und Unterteilungen.

Neben der Unterteilung in rituelle und kultische Gedanken wird in diesen Ausgaben das pädagogische Element berücksichtigt. Die Leseabschnitte und entsprechenden Unterteilungen sind sozusagen die Maßeinheiten koranischen Wissens. Die Kinder lernen den Koran in umgekehrter Reihenfolge zur Vulgata*. Wer dann behauptet, zwei, vier oder fünfzehn Leseabschnitte zu kennen, versteht darunter stets die am Ende des Korans, welche mehrheitlich die Suren aus Mekka darstellen.

Rezitation, Aufzeichnung und Rezension

Der Prophet Mohammed unterscheidet zwischen den Worten, die er selbst verfaßt und ausgesprochen hat, und solchen, die ihm offenbart und nur von ihm verkündet wurden. Er fordert, diese Unterscheidung beizubehalten. Zudem ist mit diesen beiden Arten von Text unterschiedlich umzugehen.

Der Prophet hat die jungen Schriftkundigen seiner Gefolgschaft ausdrücklich aufgefordert, die ihm offenbarten Texte in den von ihm nach und nach vorgetragenen Abschnitten niederzuschreiben. Zayd ibn Thabit war bei dieser bereits während der Zeit in Medina institutionalisierten Textsicherung und -erhaltung so etwas wie der oberste Sekretär des Propheten, der bei der Niederschrift für Kontinuität sorgte. Bemühungen zur schriftlichen Texterfassung hatte man schon viele Jahre zuvor unternommen. Die Geschichtsschreibung berichtet zum Beispiel, daß der spätere Kalif Omar (586-644) durch das *Lesen* der Texte zum Islam konvertiert sei. Diese Begebenheit wurde zeitlich festgelegt: Es geschah im fünften Jahr der Sendung, also 615 oder 616.

Die Aufforderung zur Niederschrift leitet sich aus den allerersten Offenbarungen ab. Die erste erwähnt gleich zu Anfang das Schreibrohr, jenes aus Schilfrohr gefertigte Schreibinstrument, wie es damals in Mekka verwandt wurde.

Obwohl sie lediglich aus fünf Versen besteht, ist in dieser Offenbarung also bereits die Rede davon, sie solle schriftlich festgehalten werden. Mit einem Schreibrohr sind auch die früheren göttlichen Lehren weitergegeben worden. Bestätigt wird diese Aufforderung zur schriftlichen Textniederlegung, als im folgenden Text der Offenbarung das Schreibrohr dann direkt angerufen wird. *[...] Beim Schreibrohr und (bei) dem, was man (damit) niederschreibt! Du bist dank der Gnade deines Herrn nicht besessen (wie die Ungläubigen behaupten).* (Sure 68,2)

Die schriftliche Niederlegung hat also die Offenbarung ständig begleitet. Die Zeugnisse berichten, daß der Prophet darauf bedacht war, seinen Schriftgelehrten die rezitierten Texte sozusagen in die Feder zu diktieren. Sie sind von den Schreibern, die in keiner Weise auf ihre priesterliche Rolle vorbereitet waren, zunächst behelfsmäßig auf irgendwelche vorhandenen Dinge geschrieben worden, manchmal auf Pergament, häufig aber auch auf weniger geeignete Materialien wie das Schulterblatt eines Kamels, Palmblätter, flache Steine usw.

Währenddessen institutionalisierte der Prophet die Rezension der »Protokolle« seiner Rezitation. Immer wenn die Offenbarung eines Kapitels beendet war, beaufsichtigte er die Übertragung »auf ein Blatt«. Da bei den rituellen Gebeten Koranpassagen rezitiert werden, erfuhren die Gläubigen stets die Ergänzung durch weitere Offenbarungen.

Außerdem verbrachte der Prophet die Abende des Monats Ramadan (der Ramadan dient der Feier der ersten Offenbarung) damit, systematisch die Gesamtheit dessen durchzugehen, was ihm offenbart worden war. Die logographischen Schriftführer waren ebenso zugegen wie die *hafiz* – also diejenigen, die die bis zu jenem Tage verkündeten Offenbarungen ganz oder teilweise auswendig gelernt hatten. Somit fand ein regelmäßiger Textvergleich der mündlich verbürgten Überlieferung und der Niederschrift all dessen statt, was dem Propheten offenbart worden war.

Nach dem Tod des Propheten wollte man sämtliche Aufzeichnungsfragmente in einer Kompilation zusammentragen. Als erster offizieller Koranrezensent erstellte der erste Kalif Abu-Bakr (der der islamischen Gemeinde 632 bis 634 vorstand) mit Hilfe seines späteren Nachfolgers Omar und unter der Kontrolle der Logographen und der *hafiz* (Wächter der Schrift) ein Urmanuskript. Unter dem dritten Kalifen Othman (644-656), selbst ein *hafiz*, bekam die Niederschrift des autoritativen Korantextes ein offizielles Gepräge. Es entstand ein Musterkodex. Von diesem in Medina erhaltenen Original wurden sechs Abschriften erstellt und in die »Provinzen« Mekka, Syrien, Jemen, Bahrain, Basra und Kufa geschickt.

Lesungen und Lesarten

Auf Grundlage dieser *editio princeps* (ersten Ausgabe) wurden dann die späteren Abschriften erstellt. Die Transkriptionen hielten sich selbst an denjenigen Stellen an die Orthographie jener Zeit, an denen sich diese mittlerweile im Gebrauch geändert hatte. Allerdings berücksichtigten sie die spätere Weiterentwicklung des Alphabetes. Denn das arabische Alphabet war zu Zeiten der Offenbarung noch recht jung, etwa 50 bis 100 Jahre alt, und nicht sehr weit verbreitet. Die Zahl der »Schriftkundigen«, oder genauer der »Alphabeten«, war eher gering. Bis zur Erfassung des Korans hatte diese Schrift nur der Niederlegung kurzer Texte gedient. Der Koran ist also das erste Buch, das in arabischer Sprache geschrieben wurde, zu einer Zeit, als diese noch nicht ihre *scriptio plena* gefunden hatte.

Danach wurden noch vor der Erfindung der diakritischen Punkte die Zeichen zur Vokalisation festgelegt. Im Gegensatz zu den Diakritika, also den zur weiteren Unterscheidung von Buchstaben eingeführten Zeichen, gibt es bis zum heutigen Tage nur in Ausnahmefällen Zeichen für Vokale: in Texten, die von Ungeübten gelesen werden sollen, oder in Worten, die sonst mehrdeutig wären. Die nach der Vokalisation erschienenen Manuskripte oder Ausgaben des Korans tragen im Gegensatz dazu durchgängig solche Vokalisierungszeichen. Eine bedeutsame Ausnahme!

Indessen enthielt das fragliche Alphabet jedoch Buchstaben, deren Aussprache je nach ethnischem Ursprung des Sprechers unterschiedlich waren (im Ton und in der Vokalisation). Zwar bedienten sich diese Sprecher stets des Arabischen, sie gehörten aber zu Stämmen mit unterschiedlichen Akzenten. Schon zu Lebzeiten des Propheten kam es vor, daß die Leser des Korantextes bezüglich der Aussprache bestimmter Buchstaben unterschiedlicher Auffassung waren. Ein *Hadith* zeigt, daß der Prophet verschiedene Aussprachen durchaus zugelassen hat. Seinem Beispiel entsprechend sind alle »Versionen, die der Text, der Kontext und die Grammatik erlauben, zulässig«. In diesem Sinne konnte man dann von sieben und manchmal zehn »Lesarten« einer Textstelle sprechen, die als gleichermaßen orthodox galten. Die schriftlichen Ausgaben ebenso wie die Rezitationen müssen, um zulässig zu sein, der Grundschrift des Urkodex, in dem die Buchstaben ohne Diakritika und Vokalzeichen stehen, entsprechen, wobei darauf hinzuweisen ist, für welche »Lesart« man sich entschieden hat. Daraus kann geschlossen werden, aufgrund welcher Kriterien die Diakritika und Vokalzeichen gewählt wurden und welche Aussprache angenommen wurde.

Einteilung und Reihenfolge

Die Anordnung der Verse und Suren des Urkodex hat ebenfalls Aufmerksamkeit auf sich gelenkt. Die bei der Zusammenstellung der *Hadithen* gesammelten Zeugnisse zeigen, daß gewisse, bei weitem aber nicht alle Suren in einem Zuge oder direkt nacheinander offenbart worden sind. Die Offenbarung einer nicht unerheblichen Zahl erfolgte zu unterschiedlichen Zeitpunkten. Hierbei spricht man von *tanjim** (»erscheinen eines Sternes, folgen, resultieren«). Einige Verse sind hinzugefügt oder manchmal auch mit großem zeitlichen Verzug auf Anweisung des Propheten eingearbeitet worden. Es gibt also »mekkanische« Suren, in die einzelne »medinische« Verse und sogar ganze Versgruppen eingefügt worden sind. In den Koranausgaben sind diese Präzisierungen ordnungsgemäß gekennzeichnet.

Darüber hinaus existieren auch Suren, die parallel, sozusagen im Bündel, offenbart worden sind. In diesen Fällen teilte der Prophet den Schriftführern mit, wie die gleichzeitig offenbarten Verse einzuordnen seien.

Tatsache ist, daß sich die Uneinigkeit bezüglich der Aufteilung der Verse auf die Suren beim Tod des Propheten auf einzig zwei Suren beschränkt: Sure 8 und 9. Die Schriftführer hatten anläßlich der letzten Redaktionstätigkeit unter der Führung Mohammeds nicht mehr von ihm erfahren, ob die beiden Suren als eine oder als zwei unterschiedliche zu behandeln seien.

Was die Reihenfolge der Suren anbelangt, bleibt anzumerken, daß ihre Reihenfolge im Urkodex stark von der chronologischen Abfolge der Offenbarungen abweicht. Wie wir vorhin erwähnt haben, heißt es im allgemeinen, die Suren seien der Länge nach geordnet; dies ist allerdings nur bedingt korrekt.

Nach der Eröffnung *al-Fatiha* folgen in der Tat zunächst einmal die sechs längsten Suren, also Sure 2 bis 7. Dann kommen folgerichtig Sure 8 und 9, die, betrachtet man ihre Länge insgesamt, diese Einordnung rechtfertigen, wohingegen sie als Einzelsuren weiter hinten hätten eingeordnet werden müssen. Diese neun Suren machen ungefähr zwei Drittel des Buches aus. Im letzten Teil, etwa einem Siebtel des Buches, sind die 65 kürzeren Suren, Sure 50 bis 114, angeordnet.

Was die Festlegung der Reihenfolge anbelangt, so vermittelt uns – ebenso wie den meisten Gelehrten – die Analyse der *Hadithen,* der Sammlung der Aussprüche und Taten des Propheten, den Eindruck, daß diese 74 Suren auf direkte Anweisung Mohammeds so sortiert worden sind. Die verbleibenden Suren sollen von »Komitees«, die nach seinem Tode eingesetzt wurden, geordnet worden sein. Diese Komitees hielten sich dabei an die vom Propheten vorgegebene Einteilungsweise, die im übrigen auch bei den einzigen anderen Zusammenstellungen damals bekannter arabischer Schriften, dichterischer Werke, Anwendung gefunden hat. Wenngleich sich die Reihenfolge der Suren also nicht strikt nach deren abnehmender Länge richtet, so kann man doch zumindest grob von einer Einteilung nach »Längengruppen« sprechen.

Die chronologische und themenbezogene Reihenfolge stimmt in seltenen Fällen mit dieser Längeneinteilung überein. Angesichts einer Auflistung der Surentitel liegt die Frage nahe, welches denn die Ordnungskriterien des Korantextes sein mögen, und auch die Gründe für die Vergabe der Titel erscheinen interessant.

Die Antworten auf solche Fragen, die einen liturgischen oder theologischen Hintergrund haben, sind umstritten. Eine Rezitation der Koranpassagen ist Teil des Rituals der gemeinsam und allein gesprochenen Gebete, und es gilt als unbestritten, daß das Rezitieren selbst ein frommes Werk ist. Strittig ist hingegen die Heiligkeit der Reihenfolge, in der die liturgischen und rituellen Rezitationen des Korans erfolgen müssen. Aber auch hier hat der Prophet selbst eine Entscheidung getroffen. Bei den von ihm geleiteten Gottesdiensten hat er die Suren nicht in der von ihm zunächst vorgegebenen Reihenfolge rezitiert. Dem Koranexegeten obliegt es damit – gleich-

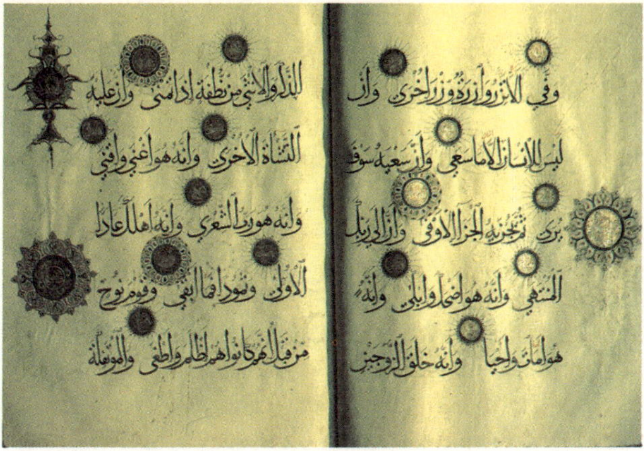

Koran aus der seldschukischen Epoche

Ph. © R. und S. Michaud/Rapho.

gültig, welche anderen Meinungen zu diesem Thema existieren –, jede Koranpassage mit jeder anderen und mit dem gesamten Korantext in Beziehung zu setzen, »Leseraster« zu entwickeln und Einordnungen vorzunehmen.

Die Sure, eine Sinneinheit des Korans

Die Bedeutung des Wortes »Sure«, arabisch *sura*, unterscheidet sich von der des Wortes »Kapitel«, mit dem es zumeist übersetzt wird. Es hat die gleiche Wurzel wie *sour*: Befestigungsmauer oder Umgebungsmauer. *Sura* ist das, was man etymologisch gesehen mit einer Mauer umgeben hat, um es abzugrenzen, also das Besondere, das Einzigartige. Der Koran verwendet dieses Wort in etwa zehn Passagen ausschließlich mit dem Zweck, die Besonderheit dieser Koran-Kapitel herauszustellen. In zwei dieser Passagen ruft der Koran dem Leser in Erinnerung, daß er das manifestierte Wort Gottes ist, und bietet denjenigen, die ihm diese Eigenschaft absprechen, die Stirn, indem er sie auffordert, doch nur zehn oder sogar nur eine einzige derartig außergewöhnliche Sure hervorzubringen.

Die Wiedergabe mit dem Wort »Kapitel« spiegelt wider, daß die Unterteilung der Suren vom Propheten selbst deutlich markiert worden ist. Dieser ist auch Urheber der »Titel«, mit deren Hilfe Suren gefunden werden können. Bezieht man sich auf eine bestimmte Stelle des Korans, so geschieht das in westlichen Texten durch eine Bezifferung von Sure und Vers, wohingegen man sich in der arabischen Tradition stets auf den »Titel« der zitierten Sure und auf ihren Text oder das *incipit* (den Anfang) des zitierten Verses bezieht.

Die »Titel« der Suren

Die Titel der Suren dürfen ganz und gar nicht als Beschreibung des behandelten Themas aufgefaßt werden, auch nicht als Hinweis auf ein vorrangig angesprochenes Thema. Der Titel als solcher ist im Grunde eine Orientierungshilfe und dient lediglich als eine Art Lesezeichen. Er kann genausogut aus einem Substantiv wie aus einem Verb oder aus einem oder mehreren Buchstaben bestehen. Auch das *incipit* der Sure ist als Titel denkbar, ein Wort, das erstmals (oder ausschließlich) in dieser Sure verwendet wird.

Selten, sehr selten, handelt es sich bei den Surenbenennungen um einen echten Titel, ein Wort, in dem das Thema derselben anklingt. Ein solcher Ausnahmefall ist sicherlich der Titel der ersten Sure: *Eröffnung des Ko-*

rans. Dieser Titel weist auf keines der in der Sure verwendeten Worte hin, sondern ausdrücklich auf ihre Funktion.

Was die anderen Suren anbelangt, so ist deren Benennung nur eine partielle und sehr vage Beschreibung des Inhaltes. Man darf nicht davon ausgehen, daß sich die Suren mit den Titeln *Die Propheten*, *Mohammed, Die Beratung* oder *Die Gläubigen* ausschließlich oder hauptsächlich mit diesen Themen beschäftigen, genausowenig wie die Suren *Die Sonne*, *Der Mond* oder *Die Ameisen.*

Die Einzigartigkeit der Suren kommt in anderen Dingen zum Ausdruck. Eine Sure ist eine Belehrung, eine Lehreinheit, Unterricht zur Bildung des Menschen und dient nicht dazu, über dieses oder jenes zu informieren. Selbstverständlich werden in einer Sure bisweilen auch historische, kosmologische und anderweitige Informationen weitergegeben; dies geschieht jedoch nur in dem Maße, in dem es notwendig ist, um den Menschen belehren zu können. Die Informationen sind so lang oder so kurz gehalten, wie es für diese Belehrung und für die Beschreibung ihres Kontextes erforderlich ist.

Daraus folgt, daß die Verwendung von Einschüben und Exkursen nicht einfach hingenommen, sondern bewußt als Ausdrucksmittel eingesetzt wird; dabei ist es gleichgültig wie weit ein solcher Einschub ausholen mag, gleichgültig, wie kompliziert die Schachtelungen der Einschnitte sein mögen. Von einem beliebigen Umstand ausgehend, bei dem jede Facette von Bedeutung ist, soll die Darlegung des Sachverhaltes den Leser dazu anhalten, sich ewige und universelle Wahrheiten anzueignen oder in Erinnerung zu rufen.

In diesem Zusammenhang wird betont, daß sich wirklich jedweder Umstand als Ausgangspunkt derartiger Überlegungen eignet, da die Beliebigkeit der Umstände *per se* den Beweis für die Notwendigkeit der Offenbarung liefert. Denn der Koran beharrt auf der Vorstellung, daß die höchsten Wahrheiten nicht immer erkannt werden und deshalb ständig wieder in den Vordergrund gerückt werden müssen. Der Mensch vergißt aus zahllosen Gründen und unter unendlich vielen Vorwänden – deshalb muß er immer wieder, jeden Tag, belehrt werden.

Berichte und Vorschriften

Die biblische Geschichte im Koran

Beim Lesen der Suren, die als Titel den Namen einer Persönlichkeit aus der Bibel tragen, fällt auf, daß sich eine solche Sure thematisch keineswegs auf diese beschränkt. Und diese Persönlichkeit kann durchaus auch in anderen Suren erwähnt werden.

Überdies bedeutet die Tatsache, daß gewisse Namen von Propheten nicht als Titel auftauchen, keineswegs, daß sie nicht genauso häufig oder genauso ausführlich erwähnt würden wie andere. Salomon, David, Lot und vor allen Dingen Mose und Jesus werden oft erwähnt und umfassend beschrieben, ohne daß die entsprechenden Suren ihren Namen trügen.

Auf jeden Fall handelt es sich – gleichgültig, ob ein Prophet nun im Titel oder im Text einer Sure erwähnt wird – immer nur um eine Erwähnung oder genauer gesagt um eine Erinnerung an Tatsachen, die beim Leser ohnehin als bekannt vorausgesetzt werden. Die Sure, in der Maria Erwähnung findet, wird wie folgt eröffnet: *Gedacht sei (in dieser Verkündigung) der Barmherzigkeit, die dein Herr seinem Diener Zacharias bezeigt hat!* (19, 1)

Es geht weiter mit dem ausdrücklichen und dem Propheten mehrmals erteilten Befehl, in dem Buch nacheinander Marias, Abrahams, Ismaels, Henochs etc. zu gedenken. Auch wenn solche Erwähnungen viel Raum einnehmen, so sind sie doch auf die für den Kontext der Sure wichtigen Ereignisse beschränkt und keineswegs das eigentliche Thema der Sure. Zweck einer Sure oder gar des ganzen Korans ist es eben nicht, auf den Spuren der biblischen Geschichte zu wandeln.

Man kann sagen, daß in gewissen Suren zwar an Ereignisse aus der biblischen Geschichte erinnert wird; dies dient aber ausschließlich der Veranschaulichung des zugrundeliegenden Themas und soll den Leser erbauen und belehren, wie es das Ziel der Sure ist. Es wird also auf verschiedene Begebenheiten der biblischen Geschichte Bezug genommen, ohne sich dieser explizit nähern zu wollen. Zudem können die in einer Sure erwähnten Ereignisse ähnlich oder auch ganz anders noch einmal in einer anderen Sure erwähnt sein.[2]

Bleibt noch zu bemerken, daß an keiner Stelle versucht wird, die aus der biblischen Geschichte bekannten Tatsachen oder Äußerungen wirklich wahrheitsgetreu wiederzugeben. Besonders die Dialoge, die übrigens ein wichtiger und charakteristischer Zug der koranischen Erzählung sind, dienen niemals der Wiederholung der wirklichen Äußerungen, sie werden lediglich zur Veranschaulichung der moralischen und geistigen Verfassung der Persönlichkeiten herangezogen, deren Erwähnung die Lehre bekräftigen sollen. Es geht ausschließlich um

---

2 Mohammed standen auch apokryphe und sektiererisch verfärbte christliche Quellen zur Verfügung. Daher lassen sich die Unstimmigkeiten zum biblischen Kanon erklären. Diese literarkritsche Anmerkung verletzt jedoch die islamische Überzeugung, daß der Koran Wort Gottes sei. Offensichtliche Unterschiede zur Bibel werden im Islam als göttliche Korrektur erklärt. (Anm. d. Red.)

die Belehrung, der Mensch soll vom Koran unterrichtet und nicht einfach nur informiert werden.

Der Dialog mit den anderen Schriftreligionen

Vor diesem Hintergrund erfüllt die koranische Erzählung eine wichtige Funktion im Dialog mit den Anhängern der anderen Schriftreligionen. Der Koran versteht sich als eine Bestätigung der großen Gesetze in der Menschheitsgeschichte. Er ist Mahnung an die »Menschen des Buches« und an die Zeugen der Verkündigung, daß in ihr im Grunde nichts Neues vermittelt wird. Wie ein roter Faden zieht sich durch den Koran, daß er die bereits übertragenen Botschaften, die die Menschheit willentlich oder unwillentlich vergessen hat, lediglich bestätigen will.

Diese Absicht beinhaltet eine indirekte Kritik, die tatsächlich häufig, um nicht zu sagen immer, in denjenigen Suren auftritt, die sich gegen den Einwand richten, der Koran gehöre nicht zur Gruppe der göttlichen Botschaften. Eine genauere Analyse zeigt gleichzeitig das Bestreben, mit den Angesprochenen auf der Basis gemeinsamer Grundlagen eine einheitliche Vorstellungswelt schaffen zu wollen.

Es wird also ein Ökumenismus* angestrebt, der die Ausübung des Glaubens und die Dogmatik wieder an dem Glauben an Gottes Transzendenz* und göttliche Gnade ausrichten soll, Grundsätze, aus denen eine größere Gerechtigkeit und Solidarität unter den Menschen hervorgehen sollen. Daher auch das Bemühen, bei der Beschreibung der erwähnten Fakten möglichst wenig Anstoß bei den Anhängern der bereits vorhandenen Religionen zu erregen. Man scheint den Beweis erbringen zu wollen, daß diese Fakten nur der Bestätigung der angestrebten ethischen Lehre dienen und daß nur derjenige Teil aufrechterhalten werden müsse, der dieser Lehre förderlich ist.

Wenn nun aber sowohl von Kritik als auch von Bestätigung die Rede ist, dann liegt das daran, daß gewisse Inhalte der vorislamischen Traditionen unvereinbar sind mit gewissen Aspekten des Korans – Aspekten, die als unerläßlich für den Glauben und die Ethik betrachtet werden, aus denen der Koran das Bindemittel für alle Gläubigen machen will. Dies gilt sowohl für die Einzigartigkeit der göttlichen Person als auch für die Allgemeingültigkeit des moralischen Gesetzes. Hier wird ein Ausweg angeboten: Wenn die Anhänger einer Buchreligion tatsächlich so weit gekommen sind zu behaupten, daß Gott nicht einzigartig oder nicht transzendent sei, so kann das nur darauf zurückzuführen sein, daß die (im Ursprung richtige) Botschaft im Laufe der Zeit von den Menschen verfälscht worden ist. Trotz dieser Fehlinterpretationen zweifelt der Koran keineswegs an, daß die Texte ursprünglich frei von solchen Widersprüchen waren.

Und er findet auch einen Grund für diese Fehlinterpretationen: Man hat sich nicht ausreichend darum bemüht, die empfangene Botschaft frei zu halten von Übertragungsfehlern; dies ist auf die Schwäche der Menschen zurückzuführen. Schuld sind also diejenigen, die vorgaben, die göttliche Botschaft zu übertragen und die – aus Begehrlichkeit oder aus Unwissenheit – lediglich den Teil übertragen haben, den sie übertragen konnten oder wollten.

»Der beste Bericht«

Ein an den Propheten gerichteter Vers des Korans besagt ausdrücklich: *Wir geben dir dadurch, daß wir dir diesen Koran (als Offenbarung) eingegeben haben, den besten Bericht. Du hattest vordem (d.h. ehe dir der Koran eingegeben war) keine Ahnung davon.* (12,3)

Dies beinhaltet, daß es sich um den umfassendsten Bericht handelt, und man muß hierin wohl auch eine qualitative Aussage sehen. Es ist die Rede von dem »besten« der Berichte beziehungsweise von dem besten Teil der schon existenten Schriften. Hieraus erklärt sich auch die Gleichgültigkeit, ja sogar regelrechte Abneigung dagegen, sich mit den Anhängern anderer Religionen des Buches auf eine Diskussion oder eine Auseinandersetzung über den »historischen« Wahrheitsgehalt von Berichten einzulassen. Im Sinne des Korans erübrigen sich solche Streitigkeiten, da diese Erzählungen ja nicht aus einem historischen Interesse heraus niedergeschrieben worden sind.

Die Vorschriften im Koran

Die Texte des Korans zu den kultischen, ethischen oder rechtlichen Geboten und Anweisungen werden in demselben Geiste gelesen und mit denselben Methoden analysiert. In diesen drei Bereichen ist der Koran für den Muslim in der Tat Maß jedweden Handelns, gleichgültig, ob es um die Verehrung Gottes oder um den Umgang mit seinesgleichen geht.

Der Koran ist unter Beachtung von bestimmten Regeln zu konsultieren, die einerseits den Aufbau und die Einteilung des koranischen Textes und andererseits die

Beschaffenheit und die Funktion der Suren berücksichtigen. Wenn wir nun unsererseits das Titelverzeichnis der Suren durchgehen, um sie den kultischen Handlungen, ethischen Anordnungen oder rechtlichen Vorschriften gewidmeten Darlegungen zuzuordnen, so lassen sich tatsächlich einige Surenbenennungen mit Bezug auf das eine oder andere dieser Themen finden. Zahlreich sind sie nicht: *Die Umkehr* ist beispielsweise ein Titel, der darauf schließen läßt, daß in dieser Sure ein ethisches, ja sogar ethologisches Thema behandelt wird. *Die Wallfahrt* und *Der Freitag* lassen annehmen, daß darin die kultischen Vorschriften für zwei Handlungen näher beschrieben werden, die zu den fünf Säulen des Islams zählen. Beim Lesen dieser Suren zeigt sich aber schon bald, daß auch diese Titel, wie wir schon im Falle der auf Bibelberichte hinweisenden Surentitel gesehen haben, keine Inhaltshinweise geben, sondern nur eine Art Lesezeichen darstellen.

Ungeachtet des Titels ist die Sure *Die Umkehr* wie all die anderen Anlaß für eine Predigt, die das Thema der Reue keineswegs erschöpfend behandelt oder auch nur speziell darauf eingeht. Es geht hier auch noch um etwas anderes: Der Leser wird angeregt, darüber nachzudenken, welche Auswirkungen das neue Kräfteverhältnis zwischen den Anhängern der neuen und den Vertretern der alten Religion auf die Beziehungen von Einzelpersonen und Gruppen hat. In Anbetracht des Erfolges der Hedschra muß bei der Einrichtung einer muslimisch bestimmten Gemeinschaft eine gewandelte gesellschaftliche Realität berücksichtigt werden. Thema ist das Zusammenleben mit einzelnen Menschen, die zwar fromme Gesten ausüben, sie aber nicht empfinden. Es gilt, den Gläubigen ein Thema zu vermitteln, das niemals zuvor in den mekkanischen Suren genannt worden ist, das Thema der Heuchelei. *Ihre Spenden werden nur deswegen nicht von ihnen angenommen, weil sie an Gott und seinen Gesandten nicht geglaubt haben, nur lässig zum Gebet kommen und nur widerwillig Spenden geben.* (9, 54)

Die geringe Aussagekraft des Titels ist noch auffälliger bei kultischen Vorschriften. In der Sure *Die Wallfahrt* sind nur wenige Verse tatsächlich den Wallfahrtsriten selbst oder Riten, die mit der Wallfahrt in Verbindung stehen, gewidmet. Eine genauere Beschreibung der Philosophie dieser Säule des Islams und eine ausführlichere Darlegung ihrer Liturgie findet sich in der zweiten Sure, deren Titel dies nun gar nicht vermuten läßt. Die Sure hingegen, die sich mit der Wallfahrt zu beschäftigen scheint, folgt dem gleichen Ansatz wie die anderen. Hier soll überzeugt werden von dem Zusammenhang zweier wesentlicher Dinge: einerseits der unerbittlichen Tatsache, daß der Jüngste Tag kommen wird, an dem der Mensch sich vor Gott für seine Taten verantworten muß, und andererseits der Transzendenz des Schöpfers aller Dinge, der den Jüngsten Tag herbeizuführen vermag und der würdig ist, die Dienste derer seiner Geschöpfe entgegenzunehmen, die er zu selbstverantwortlichem Handeln befähigt hat: der Menschen.

Im Bereich der rechtlichen und sozialen Vorschriften behandelt die Sure *Die Entlassung* – deren arabischer Titel *al-Talaq* auch mit »Befreiung« oder »Entbindung« wiedergegeben werden kann – in ihren ersten sechs Versen zwar die Trennung der Ehegatten und schreibt die gebotenen Verhaltensweisen vor, die die Betroffenen vor Schaden bewahren sollen, ab dem siebten Vers jedoch bis hin zum letzten, dem zwölften, erhalten Belehrung und Mahnung wieder ihren angestammten Stellenwert.

Das gleiche Phänomen stellen wir in den Suren *Der Tisch*, *Die Frauen* oder *Die Beute* fest. Es handelt sich um sehr umfangreiche Suren, weshalb sie in der Vulgata auch ganz am Anfang stehen. Hier liest man in der Tat einige Erörterungen zu Themen wie Verzehr von Fleisch, Ehe und Aufteilung der Kriegsbeute – was aber keineswegs ausschließt, daß diese Themen nicht auch noch in anderen Suren aufgegriffen würden. Überdies stellen diese Themen innerhalb ihrer jeweiligen Suren immer nur einen kleinen Faden im Gewebe einer Verkündigung dar, die diese Themen transzendiert und subsumiert; und so kann man eigentlich keiner Sure die bevorzugte Behandlung irgendeiner Vorschrift zuordnen.

In der Sure über das Vieh nimmt die Verkündigung – nach dem Spott über den vorislamischen Formalismus in bezug auf verschiedene Angelegenheiten, besonders zum Thema Ernährung – eine überraschende Wendung: *Sag: Kommt her! Ich will (euch) verlesen, was euer Herr euch verboten hat: Ihr sollt ihm nichts (als Teilhaber an seiner Göttlichkeit) beigesellen. Und zu den Eltern (sollt ihr) gut sein. Und ihr sollt nicht eure Kinder wegen Verarmung töten – Wir bescheren ihnen und euch (den Lebensunterhalt). Und ihr sollt euch auf keine abscheulichen Handlungen einlassen, (gleichviel) was davon äußerlich sichtbar oder verborgen ist, und niemand töten, den (zu töten) Gott verboten hat, außer wenn ihr dazu berechtigt seid. Dies hat Gott euch verordnet. Vielleicht würdet ihr verständig sein.* (6, 151) *Und tastet das Vermögen der Waise nicht an, es sei denn auf die (denkbar) beste Art! (Laßt ihr Vermögen unangetastet) bis sie volljährig geworden ist (und selber darüber verfügen*

Koran aus dem 15. Jahrhundert
Biharische Schrift.

Privatsammlung.
Ph. © R. und S. Michaud/Rapho.

لنفسه ومن ضل فقل
انما انا من المنذرين وقل
الحمد لله سيريكم اياته فتعر
فونها وما ربك بغافل
عما تعملون

سورة القصص ثمان وثمانون

بسم الله الرحمن الرحيم
طسم تلك ايات الكتاب
المبين نتلو عليك من
نبا موسى وفرعون بالحق
لقوم يؤمنون ان فرعون
علا في الارض وجعل
اهلها شيعا يستضعف طائفة
منهم يذبح ابناءهم ويستحيي

darf)! Und gebt volles Maß und Gewicht, so wie es recht ist! Von niemand verlangen wir mehr, als er (zu leisten) vermag. Und wenn ihr eine Aussage macht, dann seid gerecht, auch wenn es ein Verwandter sein sollte (gegen den ihr auszusagen habt)! Und erfüllt die Verpflichtung (die ihr) gegen Gott (eingeht)! Dies hat er euch verordnet. Vielleicht würdet ihr euch mahnen lassen. (6, 152)

Umgekehrt läßt sich feststellen, daß die besonders langen, also zu Beginn der Vulgata stehenden Suren sehr viele Vorschriften enthalten. Die in diesem Zusammenhang am häufigsten zitierten Suren – neben den soeben erwähnten Suren 4, 6 und 8 – sind die zweite und fünfte Sure. In der Tat findet man hier eine große Zahl von Versen mit präskriptivem Charakter, die fast den Paragraphen eines Gesetzbuches gleichen. So zum Beispiel die Verse 178 bis 283 der zweiten Sure, in denen es um den Blutpreis geht, die Erbschaft, das Fasten, die Wallfahrt, die Behandlung eines Mündels durch seinen Vormund, Geschäfte, das Zinsnehmen, die Auswahl von Zeugen, das Stillen, den Eid etc. Die Darlegung dieser verschiedenen, durch Vorschriften geregelten Bereiche wird durch einen Vers eingeleitet, der nicht nur die Themen als solche verkündet und charakterisiert, sondern auch beschreibt, in welchem Umfang sie im koranischen Diskurs behandelt werden. *Die Frömmigkeit besteht nicht darin, daß ihr euch (beim Gebet) mit dem Gesicht nach Osten oder Westen wendet. Sie besteht vielmehr darin, daß man an Gott, den jüngsten Tag, die Engel, die Schrift und die Propheten glaubt und sein Geld – mag es einem noch so lieb sein – den Verwandten, den Waisen, den Armen, dem, der unterwegs ist, den Bettlern und für (den Loskauf von) Sklaven hergibt, das Gebet verrichtet und die Almosensteuer bezahlt. Und (Frömmigkeit zeigen) diejenigen, die, wenn sie eine Verpflichtung eingegangen sind, sie erfül-*

len und die in Not und Ungemach und in Kriegszeiten geduldig sind. Sie (allein) sind wahrhaftig und gottesfürchtig. (2, 177)

Daran knüpft sich dann auch die erste der Vorschriften dieser Liste: *Ihr Gläubigen! Bei Totschlag ist euch die Wiedervergeltung vorgeschrieben ...* (2, 178) Danach heißt es: *Wenn es bei einem von euch aufs Sterben geht und wenn er Vermögen hinterläßt, ist euch vorgeschrieben ...* (2, 180) *Ihr Gläubigen! Euch ist vorgeschrieben zu fasten, so wie es auch denjenigen, die vor euch lebten, vorgeschrieben worden ist.* (2, 183) So geht es weiter. Es erübrigt sich, darauf einzugehen, daß die Vorschriften dieser Aufzählung im Lichte des Verses zu lesen sind, der sie ankündigt, und daß sie im gleichen Tenor gehalten sind. Dieser Vers ist sozusagen das Eröffnungsglied der Aufzählung und gleichzeitig die letzte Besiegelung der Vorschriften: *Dies ist die Schrift, an der nicht zu zweifeln ist, (geoffenbart) als Rechtleitung für die Gottesfürchtigen ...* (2, 1)

Die Verweise auf die Erzählungen der anderen heiligen Bücher, die eschatologischen* Erinnerungen, die Aufforderung zur Meditation und Besinnung auf die Schöpfung, all dies wird in den Dienst der Belehrung des gottesfürchtigen Menschen gestellt, der aufgefordert ist, sich den Problemen einer ganz neuen Dimension zu stellen. Wie ein Scharnier zwischen den beiden Flügeln eines Diptychons verbindet der Vers, der die wahrhaftige Gottesfürchtigkeit im Gegensatz zur vorgeblichen als eine innere Haltung definiert, die Aufzählung der besonderen Situationen. Und wie schon bei den selektiven Anspielungen auf die Erzählungen der Bibel zeigen diese Situationen dem Gläubigen die Möglichkeiten auf, die richtige innere Haltung gegenüber Vorgeschriebenem und Vorschriften zu lernen. Was dieser Einleitungsvers im übrigen nahelegt, findet seine Bestätigung und seinen Ausdruck in der Lektüre der Ausführungen, die jede dieser Vorschriften näher erläutern.

Zum Thema der Wiedervergeltung oder – wie es in der historischen Rechtssprache heißt – der *Talion** steht geschrieben: *Ihr Gläubigen! Bei Totschlag ist euch die Wiedervergeltung vorgeschrieben: ein Freier für einen Freien, ein Sklave für einen Sklaven und ein weibliches Wesen für ein weibliches Wesen.* (2, 178)

Zu den Kriegsgesetzen heißt es: *Und kämpft um Gottes willen gegen diejenigen, die gegen euch kämpfen! Aber begeht keine Übertretung (indem ihr den Kampf auf unrechtmäßige Weise führt)! Gott liebt die nicht, die Übertretungen begehen.* (2, 190)

Das gleiche gilt für alle längeren oder kürzeren Ausführungen zu den Themen Erbe, Fasten und viele andere Vorschriften. Sie können nicht gelesen werden, ohne dabei auf die Erörterung allgemeiner Wahrheiten und universeller Grundsätze zu stoßen, die vorher oder hinterher, meistens aber in unmittelbarer Nähe zum vordergründigen Thema zu finden sind – aus einem allgemeinen Grundsatz werden verschiedene situationsgebundene Vorschriften entfaltet.

Kontinuität und Ergänzung

Obgleich die zweite Sure als ein Kapitel mit lauter Vorschriften gelten mag, ist sie gleichermaßen bekannt für die in ihr enthaltenen theologischen Gedankenflüge. Diese veranschaulichen die rituellen Handlungen und runden sie ab. Ein Beispiel dafür ist sicherlich einer der berühmten »Thronverse« (2, 255) oder die Verse 284 bis 286 der zweiten Sure, die den Abschluß eines vielschichtigen und ausführlichen verbalen Konstruktes bilden, das sich nicht in einer Aufzählung verschiedener Gebote erschöpft. Jedes Element dieser Verse steht mit jedem anderen Teil der Sure, in die es eingebettet ist, als dessen Fortsetzung oder Ergänzung in Beziehung. Zugleich hat es einen Bezug zu anderen Textstellen zum gleichen Thema, an denen es auf eine ähnliche oder eine ganz andere Art und Weise in einen neuen Zusammenhang eingefügt worden ist. Und so kann die eigentliche Bedeutung der Suren nur erfaßt werden, wenn man ihr Zusammenspiel berücksichtigt – indem jede Sure einzeln als auch im Zusammenhang des gesamten Korans betrachtet wird.

Das bringt uns zu einem ganz typischen Merkmal des Korans, der sich seit den ersten Exegesen* herauskristallisiert hat: das *tanjim* der Begriffe und Konzepte. Damit muß man bei der Interpretation eines jeden Themas nicht nur den Sinn der betreffenden Textstelle im Hinterkopf behalten, sondern auch den Sinn oder die Sinnzusammenhänge anderer Textstellen. Diese Eigenschaft soll beim Leser den rechten Glauben erwecken oder wieder neu beleben, wenn dieser Glaube nachgelassen haben sollte. Denn das Ziel des Korans ist Belehrung und eine Festigung der Moral, und für dieses Ziel und die Erweckung des rechten Glaubens werden alle Möglichkeiten der Sprache eingesetzt.

Belehrung

Die Botschaft des Korans kann unter zwei Gesichtspunkten gelesen werden. Zum einen geht es um die Erkenntnis der absoluten Transzendenz Gottes, des einzigen Schöpfers allen Seins, zum anderen um ethische Fragen: Der Mensch ist vor Gott verantwortlich, was bedeutet, daß Gott ein Urteil, ein gerechtes Gottesurteil über ihn fällen kann.

Gott ist Transzendenz und Barmherzigkeit

Gott ist transzendent, und zwar als einziges Wesen. Im Koran, der Offenbarung seiner Botschaft, lehrt er einen kompromißlosen Monotheismus* und ruft zur Wachsamkeit auf, damit dieser bewahrt werde. Monotheismus ist zweifelsohne das Schlüsselwort sowohl in dem Diskurs, den der Islam über sich selbst hält, als auch im Dialog mit anderen monotheistischen Religionen, gleichgültig, ob sich diese auf eine Offenbarung berufen oder nicht.

Die Transzendenz Gottes ist von der gleichen Bedeutung wie seine Botschaft und all seine Manifestationen, die ebenfalls als Botschaften aufgefaßt werden. Dies haben wir bereits bei den die Offenbarung einleitenden Worten, den ersten fünf Versen, gesehen: *Trag vor im Namen deines Herrn, der erschaffen hat, den Menschen aus einem Embryo erschaffen hat! Trag (Worte der Schrift) vor! Dein höchst edelmütiger Herr ist es ja, der den Gebrauch des Schreibrohrs gelehrt hat, den Menschen gelehrt hat, was er (zuvor) nicht wußte.* (96, 1-5)

Mit dieser Verkündigung vor einem Menschen wird diesem eine verantwortungsvolle Aufgabe übertragen. Diese kann nicht abgelehnt werden, denn in dem Moment, in dem sie verkündet wird, werden von ihrem Verkünder auch die Voraussetzungen zu ihrer Erfüllung geschaffen. Ist nicht der, der da zum Lesen auffordert, genau derselbe, der Urheber jedweden Wissens ist?

Wenn die Geschichte der Menschen reich ist an Lehren, deren Spuren man mit dem Schreibrohr hat festhalten können, dann nur deshalb, weil Gott den Menschen zu solch einer Sammlung des Wissens befähigt hat. Das Geschenk dieser Befähigung wird noch übertroffen durch eine andere, universellere Gabe: das Geschenk der Erneuerung des Lebens, jedesmal wenn Gott den Menschen aus einem Embryo erschafft, wie in der Sure 96 beschrieben.

So wird schon mit dem Eröffnungstext die Beziehung zwischen den Vorstellungen festgelegt, die in dieser neuen göttlichen Lehre untrennbar miteinander verbunden sind: die Schöpfung all dessen, was ist, durch Gott und nur durch Gott allein; die Existenz von Geschöpfen, denen der Schöpfer Freiheit gegeben und die er zur Belehrung bestimmt hat (die Menschen); die Verantwortung des Menschen gegenüber Gott, der ihm die Lehre und die Entscheidungsfreiheit zum Geschenk gemacht hat; die Unabwendbarkeit eines Urteils durch Gott, dessen Möglichkeit schon in Gottes eigenem Werk, der Schöpfung, aufgezeigt wird und dessen Rechtfertigung in der Offenbarung einer von Gott stammenden Lehre besteht.

Die Einleitungs- oder Eröffnungssure des Buches unterstreicht diese Verflochtenheit der Vorstellungen: *Lob sei Gott, dem Herrn der Menschen in aller Welt, dem Barmherzigen und Gnädigen, der am Tag des Gerichts regiert! Dir dienen wir, und dich bitten wir um Hilfe. Führe uns den geraden Weg, den Weg derer, denen du Gnade erwiesen hast, nicht (den Weg) derer, die d(ein)em Zorn verfallen und irregehen.* (1, 1-7)

Wenn einzig Gott Lobpreisung gebührt, dann deshalb, weil er alleiniger Herrscher der Welten ist, dieser Welt und der anderen, jenseitigen Welt. In der Anrufung des Erbarmens und der Barmherzigkeit Gottes liegt zugleich ein Anerkennen seiner ausschließlichen Souveränität und seiner Gerechtigkeit. Göttliches Erbarmen und göttliche Barmherzigkeit manifestieren sich in der Welt, in der sich das Gottesurteil erfüllen muß und in der der Mensch sich dieses Urteil verdient. Der Mensch darf es mit Hoffnung auf ein gutes Ende erwarten, und er hat die Möglichkeit, sich darauf vorzubereiten. Deshalb soll er Gott und nur Gott allein anbeten. Nur von ihm kann er Beistand erflehen.

Der Koran beschäftigt sich ausführlich mit der Benennung »Gottes«, was in der nichtmuslimischen Welt nicht immer richtig wahrgenommen wird. Das arabische Wort *Al-Lah* ist einzig und allein mit »Gott« wiederzugeben, und keinesfalls bezeichnet das Wort »Allah« nur den »Gott des Islams«. Die Beschränkung auf einen Gott der Muslime widerspräche der im Islam gebotenen Vorstellung von Transzendenz. Diese Auffassung wird auch im Koran selbst mit Formulierungen untermauert, die jedwede Form des Polytheismus rundheraus ablehnen. An verschiedenen Stellen heißt es, daß solche polytheistischen Gottheiten eben bloß Namen seien.

Auf der anderen Seite impliziert die Transzendenz Gottes, daß Er mit all »Seinen Schönsten Namen« angerufen werden kann. Im Arabischen umfaßt die grammatikalische Kategorie der Namen zusammen mit den Substantiven auch die qualifizierenden Adjektive. Was also benannt wird, sind die Attribute der Göttlichkeit.

Wenn auch einerseits jeder Versuch, Gott zu beschreiben, als Blasphemie verurteilt wird, so ist es doch andererseits geboten, Gott mit Seinen Schönsten Namen anzurufen, genauer gesagt mit seinen substantivierten Attributen. Im übrigen sind diese Attribute einzigartig: Sie sind das Höchste, wenngleich sie der grammatischen Form nach kein Superlativ sind, und existieren in diesem Maße der Vollkommenheit auch nicht außerhalb dieser Transzendenz – denn menschliche Vorstellungen können nie an Gottes Vollkommenheit heranreichen.

Der Polytheismus, der die gebotene Gottesfürchtigkeit in ihren Wurzeln zu vernichten droht, ist die tükkischste aller Sünden, gegen die man sich nur schwer »wappnen« kann, vor der sich in acht zu nehmen jedoch geboten ist. Man verstößt bereits dann gegen das Gebot des Monotheismus, wenn man auch nur die Möglichkeit einer Vermittlung zwischen Gott und Gläubigen in Form der Fürsprache eines dritten erwägt und einen solchen Gottesvermittler anbetet. Es gibt keinen Vermittler; in der Not kann der Gläubige nur bei Gott selbst um die Fürsprache Gottes bei Gott bitten.

In dieser Hinsicht sind die Propheten also Menschen wie alle anderen, und auch Mohammed unterscheidet sich dahingehend nicht von ihnen. *Sag: Ich bin kein Wunder von einem Gesandten (der über alles und jedes Auskunft geben könnte). Und ich weiß nicht, was mit mir, und was mit euch geschehen wird. Ich folge nur dem, was mir (als Offenbarung) eingegeben wird, und bin nichts als ein deutlicher Warner.* (46, 9)

Zahlreiche Verse des Korans sprechen den Propheten jedweden übernatürlichen Status eindeutig und nachhaltig ab – wie auch er selbst sich dessen bewußt ist: *Sag: Ich bin nur ein Mensch wie ihr, (einer) dem (als Offenbarung) eingegeben wird, daß euer Gott ein einziger Gott ist.* (18, 110) So werden die Gläubigen gemahnt: *Und Mohammed ist nur ein Gesandter. Vor ihm hat es schon (verschiedene andere) Gesandte gegeben. Werdet ihr denn (etwa) eine Kehrtwendung vollziehen, wenn er (eines friedlichen Todes) stirbt oder (im Kampf) getötet wird?* (3, 144)

Erinnerung und Mahnung

Die Anhänger früherer Offenbarungen waren bereits über den Monotheismus belehrt worden, schienen diese Lehre jedoch wieder vergessen zu haben. Im Grunde wiederholt sich immer das gleiche Muster: Ein Volk hat Gott »vergessen«, und ein Gesandter Gottes weckt unter Seinesgleichen wieder den Glauben an den einen wahren Gott. Unter großen Mühen und Pein gelingt ihm dies, doch im Laufe der Zeit verblaßt die Erinnerung an diese Lehre erneut, und ein weiterer von Gott gesandter Prophet muß den Glauben an den einen Gott erwecken. In diesem Lichte sind dann auch jene Passagen des Korans zu lesen, in denen an die Begebenheiten im Leben verschiedener Propheten erinnert wird: Jonas, Lot, Joseph, Salih, Abraham, Mose oder Jesus.

Es ist der Eingottglaube, der in Vergessenheit gerät, weil der Mensch andere Götter und Götzen verehrt. Aus diesem Grund wird im Koran auch die Geschichte vom

Tanz um das Goldene Kalb erwähnt (vgl. II Mose 32). Eine weitere Begebenheit aus dem Leben Moses unterstreicht auf besonders bildhafte Weise, wie schnell die Menschen vergessen: Kaum hatten sein Volk und er den Durchzug durch das Rote Meer mit der Gnade Gottes geschafft, als sie zu Völkern kamen, die Götzen anbeteten. Daraufhin mußte sich Mose anhören: *Mose! Mach uns einen (ebensolchen) Gott, wie die da Götter haben.* (7, 138) Allein der Prunk der Anbetung der falschen Götter erschien ihnen erstrebenswert!

Der Koran sagt, daß auch Christus, wie die anderen Propheten, nur ein Mensch gewesen ist, selbst wenn seine Geburt ein Zeichen Gottes war. Christus selbst habe niemals etwas anderes behauptet, wie sich folgendem, im Koran beschriebenen Dialog Christi mit Gott entnehmen läßt: *Und (damals) als Gott sagte: »Jesus, Sohn der Maria! Hast du (etwa) zu den Leuten gesagt: ›Nehmt euch außer Gott mich und meine Mutter zu Göttern!‹?« Er sagte: »Gepriesen seist du! (Wie dürfte man dir andere Wesen als Götter beigesellen!) Ich darf nichts sagen, wozu ich kein Recht habe. Wenn ich es (tatsächlich doch) gesagt hätte, wüßtest du es (ohnehin und brauchtest mich nicht zu fragen). Du weißt Bescheid über das, was ich (an Gedanken) in mir hege. Aber ich weiß über das, was du in dir hegst, nicht Bescheid. Du (allein) bist es, der über die verborgenen Dinge Bescheid weiß. Ich habe ihnen nur gesagt, was du mir befohlen hast (nämlich): ›Dienet Gott, meinem und eurem Herrn!‹«* ... (5, 116-117)

Die Neigung des Menschen zu vergessen wird nicht nur darum hervorgehoben, weil sie sich bei den Anhängern der früheren Religionen und bei den Atheisten gezeigt hat; insgesamt wird das Vergessen als Bestandteil der Natur des Menschen angesehen.

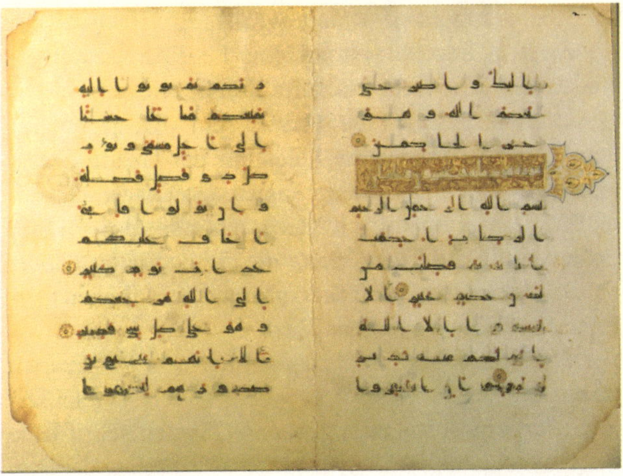

Koran des 17. Jahrhunderts Ph. © G. Namur/Explorer.

Dabei hätten nicht nur die Verkünder der göttlichen Lehre dem Menschen die Transzendenz Gottes enthüllen sollen, sondern zuallererst die Wunder der Natur. Der Koran will stets die Aufmerksamkeit seines Lesers auf eine Wahrheit lenken, die dieser immer wieder kurzzeitig wahrnimmt, von der er aber unausweichlich wieder abgelenkt wird, wie es der *condition humaine*, der Stellung und dem Schicksal der Menschen im Universum, zu entsprechen scheint. Der Mensch soll die Natur beobachten, daraus lernen und das Gelernte bewahren.

Der Koran versteht sich als Erinnerung und Mahnung: Die Beweise, die er für die Transzendenz Gottes liefert, finden sich bereits in der Schöpfung und in der das Universum beherrschenden Ordnung. Diese Mahnung führt den Gläubigen immer wieder darauf zurück, daß Gott der wahre Schöpfer einer *creatio ex nihilo*, einer Welt aus dem Nichts, ist und daß er seine eigene Schöpfung ordnend beherrscht. Die Welt als Kosmos, als geordnetes Ganzes, das Gesetzen unterliegt, weist über sich hinaus auf Gott, den alleinigen Gott, ihren Schöpfer.

Der Mensch ist jedoch so beschaffen, daß er diese innere Überzeugung verlieren kann; doch durch einen glücklichen Umstand ist er in der Lage, sie wiederzuerlangen. Der Rückfall ins Vergessen ist keine Erscheinung, die nur frühere Generationen heimgesucht hätte. Der Koran fordert deshalb den Muslim ausdrücklich zur Achtsamkeit auf.

Von der Schöpfung zum Jüngsten Gericht

Im koranischen Text wird ständig auf den direkten Zusammenhang hingewiesen, der zwischen dem Glauben an die Transzendenz Gottes und dem Glauben an ein Jenseits besteht, das durch den Jüngsten Tag eingeleitet wird – wobei der Jüngste Tag wiederum undenkbar ist ohne das Jüngste Gericht. Dies geschieht auf zweierlei, einander jedoch ergänzende Weise. Einerseits ist der Glaube an Gott verbunden mit den Taten, die seinem Urteil unterworfen sein werden. Andererseits ist der Glaube an das Kommen einer anderen Welt geknüpft an den Glauben an einen alleinigen Gott, ihren Schöpfer.

Hier geht es also zum ersten Mal um die Möglichkeit einer jenseitigen Welt. Der Text des Korans, der ja durchaus auch Antwort auf überlieferte oder vermutete Einwände der Zeitgenossen Mohammeds ist, bestätigt, daß viele skeptisch waren, ob das Jüngste Gericht und seine Vorbedingung, die Auferstehung, nun stattfinden würden oder nicht.

Nicht nur ungehobelte und ungebildete, für spirituelle Überlegungen unzugängliche Menschen hegten diese

Skepsis. Die Auferstehung wurde auch von Gebildeten und Gelehrten mit Dutzenden von Gegenargumenten in Frage gestellt, wie man sicherlich der großen Zahl und Verschiedenheit der Ausführungen entnehmen darf, die der Koran diesen Zweifeln entgegensetzt. Immer wieder geht er auf die Argumentation ein, daß die Auferstehung des Körpers, nachdem er nur noch totes Gebein, ja eigentlich nur noch ein Häufchen Staub sei, logisch völlig unmöglich wäre. Einige leugneten sogar die Wiederauferstehung, ohne dabei den Glauben an Gott selbst in Frage zu stellen: *Und sie [d. h. die Ungläubigen] haben bei Gott hoch und heilig geschworen (und beteuert), Gott werde (dereinst) die Toten nicht auferwecken.* (16, 38)

Einige Stimmen rechneten dieses Thema der Totenbeschwörung der Magie zu, andere wiederum spotteten: *Sie sagen: »Sollen wir etwa auf der Stelle (wieder ins Leben) zurückgebracht werden? (Soll das etwa geschehen) nachdem wir (zu) morsche(n) Knochen (geworden) sind?« Sie sagen: »Das wäre eine Umkehr, die (uns nur) Schaden bringen würde.«* (79, 10-12)

Die Antworten, die der Koran gibt, sind stets der jeweiligen Situation und der Persönlichkeit des Zweifelnden angepaßt, aber im Grunde ähnelt seine Argumentation in dieser Sache derjenigen sehr, die von Gottes Transzendenz überzeugen soll und davon, daß es nur diesen einen wahren Gott gibt: Als »Erwecker« aller Geschöpfe und Herr über ihre Zukunft hat Gott dem Menschen das Wunder einer »ersten Schöpfung« gezeigt. Wer dieses Wunder auch nur im Ansatz wahrnimmt, kann eine zweite Schöpfung nicht mehr als absurd oder paradox bezeichnen. Die Evolution der aus der Schöpfung hervorgegangenen Wesen erlaubt es doch, immer neue Wiederauferstehungen zu erleben. Man nehme nur das Beispiel der »Wiedergeburt« der ausgedörrten, leblos erscheinenden Erde nach dem Regen. Das wiederauferstandene Leben ist mit jener Wiedergeburt vergleichbar.

Die Erschaffung des Menschen ist nur ein Beweis für die allumfassende göttliche Schöpfungsmacht – und in ihr liegt auch der Beweis für die Möglichkeit des Jüngsten Gerichts, denn wer dem Menschen das Leben gegeben hat, der kann auch dessen Ende bestimmen. In der Chronologie des Korans ist es somit auch die Erschaffung des Menschen, die zuallererst als Argument für die Belehrung des Menschen herangezogen wird: *... der erschaffen hat, den Menschen aus einem Embryo erschaffen ...* (96, 1-2)

Dies darf der Mensch nicht vergessen, und immer wieder wird er aufgefordert, sich seiner besonderen Stellung innerhalb der Schöpfung bewußt zu werden. Der Koran begibt sich in seiner Argumentation auf die Ebene des Menschen; es handelt sich im wahrsten Sinne des Wortes um eine Argumentation *ad hominem.* Sarkasmus wird mit Sarkasmus erwidert: *Er prägt für uns (die wir nicht unseresgleichen haben) ein Gleichnis (als ob über uns etwas Typisches festgestellt werden könnte) und vergißt (dabei), daß er (selber) geschaffen ist. Er sagt: »Wer wird Knochen (wieder) lebendig machen, nachdem sie (bereits) morsch geworden sind?« Sag: Der wird sie wieder lebendig machen, der sie erstmals hat entstehen lassen ...* (36, 78-79)

Der Text des Korans läßt schließen, daß die Argumente, die man wieder »in Erinnerung gerufen« hatte, seine Gegner hätten erreichen und aus ihrem Unglauben herausführen müssen. Die Weigerung, das Offenkundige anzunehmen, wird auf einen anderen Grund zurückgeführt und als Ausgangspunkt der Argumentation dargestellt.

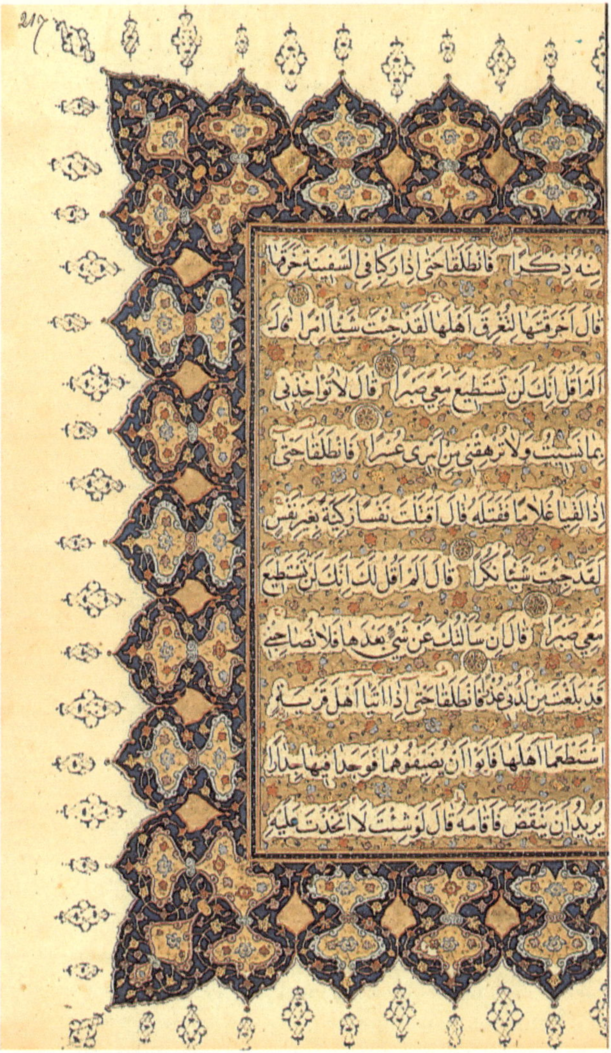

نه ذكرا فانطلقا حتى إذا ركبا في السفينة خرقها
قال أخرقتها لتغرق أهلها لقد جئت شيئا إمرا قال
ألم أقل إنك لن تستطيع معي صبرا قال لا تؤاخذني
بما نسيت ولا ترهقني من أمري عسرا فانطلقا حتى
إذا لقيا غلاما فقتله قال أقتلت نفسا زكية بغير نفس
لقد جئت شيئا نكرا قال ألم أقل لك إنك لن تستطيع
معي صبرا قال إن سألتك عن شيء بعدها فلا تصاحبني
قد بلغت من لدني عذرا فانطلقا حتى إذا أتيا أهل قرية
استطعما أهلها فأبوا أن يضيفوهما فوجدا فيها جدارا
يريد أن ينقض فأقامه قال لو شئت لاتخذت عليه

Koran des 17. und 18. Jahrhunderts

Ph. © J.-L. Charmet.

Aus diesem Blickwinkel gesehen, wird der Glaube an das Jenseits zum Maßstab für den echten Glauben an Gott. Die 27 Stellen, an denen vom »Jüngsten Tag« die Rede ist, kann man folgendermaßen zusammenfassen: Diejenigen, die an den Jüngsten Tag glauben, sind diejenigen, die an Gott glauben. Wer aber an das Jenseits glaubt, weiß, daß er in dieser Welt gute Werke zu vollbringen hat. Derjenige, der nicht an das Jenseits glaubt, kann den Vorschriften des Korans auch keine Folge leisten: *Was meinst du wohl von dem, der das Gericht (das den Menschen angedroht ist) für Lüge erklärt? Das ist der (selbe), der die Waise (von sich) wegstößt und (die Seinen) nicht dazu anhält, dem Armen (etwas) zu essen zu geben.* (107, 1-3)

Dem gegenüber steht die Botschaft an diejenigen, die sehr wohl an das Jenseits glauben: *Euer Gott ist ein einziger Gott. Diejenigen, die nicht an das Jenseits glauben, lehnen (die Botschaft) mit ihrem Herzen hochmütig ab.* (16, 22) Für diese Ablehnung gibt es ebenfalls eine Erklärung: Die Zweifelnden sind sich ihrer eigenen Erbärmlichkeit bewußt und können somit nichts vom göttlichen Gericht erhoffen. Die fehlende Hoffnung ist ein Kriterium für Ungläubigkeit. So ist es auch zu verstehen, daß die Verdammten, die sich Gottes Zorn zugezogen haben, *die Hoffnung auf das Jenseits aufgegeben (haben sollen), so wie die Ungläubigen es aufgegeben haben, sich wegen derer, die in den Gräbern sind, (irgendwelche) Hoffnungen (auf eine Wiederbelebung) zu machen.* (60, 13) Die Hoffnung auf das Jenseits ist also verknüpft mit dem Glauben an einen Gott, der gerecht ist, wie auch sein Urteil gerecht sein wird. Wann immer der Koran den Gläubigen belehrt, verbindet er diese Belehrung mit dem Hinweis darauf, daß Gott gerecht ist. Je nach Kontext bedient er sich dabei unterschiedlicher Sprachstile beziehungsweise -ebenen und Argumente, die manchmal auch der Natur oder auch den früheren göttlichen Lehren entnommen sein können.

Der Schöpfer aller Dinge hat im Menschen Anlagen für das Gute und für das Böse geschaffen. Im Zusammenhang mit der Erschaffung des Menschen kann man zunächst lesen: *(Bei der) Seele und dem, was sie zurechtformt und ihr ihre Lasterhaftigkeit und ihre Frömmigkeit eingibt!* (91, 7-8) [Khoury-Übersetzung]

Dieses Thema, das in verschiedenen Varianten behandelt wird, ist ausdrücklich mit dem Thema der Verantwortung verbunden: *Dies ist eine Erinnerung. Wer nun will, (nimmt sie sich zu Herzen und) schlägt einen Weg zu seinem Herrn ein.* (76, 29)

Gott, der Mensch und die Freiheit

Der Koran versteht sich als Bestätigung und Korrektur der früheren göttlichen Lehren und geht deshalb auch auf eine der ersten Erzählungen in der Bibel ein: die Erschaffung Adams in der Genesis. Dem Koran zufolge hat die Erbsünde nicht dazu geführt, daß der Menschheit die Gnade auf ewig verwehrt wird. Adam wird, nachdem er die Sünde begangen hat, auf die Probe gestellt, aber nicht verdammt.

Wie schon mehrfach erwähnt, verdankt der Mensch seine Erschaffung, sein Leben, einem Beschluß Gottes. Dabei wurde ihm etwas Wesentliches mitgegeben: Entscheidungsfreiheit. Gott hat diese Freiheit für den Menschen gewollt und so auch die Möglichkeit zum Ungehorsam erschaffen. Wenn der Mensch nicht gehorcht, dann ist dies zwar verwerflich, schließt ihn aber nicht von der göttlichen Barmherzigkeit aus: *Adam war gegen seinen Herrn widerspenstig. Und so irrte er ab. Hierauf erwählte ihn sein Herr. Und er wandte sich ihm (gnädig) wieder zu und leitete (ihn) recht.* (20, 121-122)

Die Grenzen der Bestrafung sind festgelegt. Es gibt eine Verurteilung, jedoch keine Verdammnis. Adam wird erneut erwählt und ist somit auch einer neuen »Rechtleitung« würdig. Der Mensch ist, wann immer er eine Entscheidung trifft, frei von den Auswirkungen der Taten anderer; es gibt keine Erbsünde oder Form von Kollektivschuld für ihn. Er tritt allein vor das Gericht Gottes: *Und jeder begeht nur zu seinem eigenen Nachteil (was er sich an Sünden zuschulden kommen läßt). Und keiner wird die Last eines anderen tragen.* (6, 164) *Und nun seid ihr einzeln (und verlassen) zu uns (zum Gericht) gekommen, so wie wir euch erstmals geschaffen haben [...].* (6, 94)

Die Menschen wurden mit der Fähigkeit versehen, das zu sehen und zu hören, was die Schöpfung für ihn zur Betrachtung bereithält. Darüber hinaus haben zahlreiche Propheten der Menschheit im Verlauf ihrer Geschichte Botschaften der Erleuchtung verkündet. Ein Vers zählt eine Liste von 14 Propheten auf und kommentiert wie folgt: *Und über einige Gesandte haben wir dir (schon) früher berichtet, über andere (bisher überhaupt noch) nicht – [...] Gesandte, (die) als Verkünder froher Botschaft und als Warner (kamen), damit die Menschen, nachdem sie aufgetreten waren, keinen Beweisgrund gegen Gott haben sollten (indem sie behaupten könnten, von nichts zu wissen).* (4, 164-165)

Neben der philosophischen Aussage, daß der Glaube an einen transzendenten Gott mit dem Glauben an ein Jenseits verbunden ist, in dem sich die Gerechtigkeit Gottes erweisen wird, finden wir auch Koranpassagen, die ganz im Stil der Offenbarung auf die Persönlichkeit des Adressaten eingehen und die die höchste und letztgültige Gerechtigkeit Gottes betonen. Damit soll vermieden werden, daß diese Gerechtigkeit mit einer anderen, fehlbaren, d.h. menschlichen Rechtsprechung verwechselt wird. Diese Botschaft ist genauso wichtig wie die ständige Belehrung, daß Gott transzendent ist.

So heißt es denn mit vollem Nachdruck: Das Gericht Gottes richtet über alle Handlungen, auch die ausgeklügeltsten. Es berücksichtigt alle noch so geheimen Beweggründe für jedwede Handlung, und es zieht auch die entferntesten Umstände einer Tat beim Urteil in Erwägung. Jede Sure des Korans, in der auf das Bevorstehen und die Gerechtigkeit eines Urteils Gottes hingewiesen wird – das stets nach Maßgabe der persönlichen Umstände des zu Richtenden ausfallen wird – betonte die Unfehlbarkeit dieses Urteils.

Gott hat ein vollkommenes Wissen von seinen Geschöpfen, denn er ist ihr Schöpfer. Und auch das gesamte Universum bietet in jedem Augenblick seiner Existenz die Gelegenheit, den Menschen zu prüfen und zu richten: *Gott hat Himmel und Erde geschaffen, damit die Wahrheit gestiftet werden kann, so daß jeder seinen Verdiensten entsprechend vergolten werde.*[3]

Einerseits werden also jegliche Werke des Menschen, auch die geringsten, beim Urteil berücksichtigt: *Und ihnen wird (dereinst bei der Abrechnung) nicht ein Fädchen Unrecht getan.* (4, 49) Weshalb es auch heißt: *Wenn dann einer (auch nur) das Gewicht eines Stäubchens an Gutem*

---

3 Der Autor stellt mit dem Wort »damit« einen Bezug her, der in den anerkannten deutschen Übersetzungen Khourys und Parets nicht zum Ausdruck kommt: *Gott hat Himmel und Erde wirklich (und wahrhaftig) geschaffen. Und einem jeden soll (dereinst) für das vergolten werden, was er (in seinem Erdenleben) begangen hat. Und ihnen (d.h. den Menschen, die vor dem Gericht stehen) wird (dabei) nicht unrecht getan.* (45, 22) (Anm. d. Üs.)

getan hat, wird er es zu sehen bekommen. Und wenn einer (auch nur) das Gewicht eines Stäubchens an Bösem getan hat, wird er es (ebenfalls) zu sehen bekommen. (99, 7-8)

Andererseits beinhaltet der Begriff »Werke des Menschen« nicht nur die tatsächlichen Handlungen des Menschen, sondern auch das, was er zu verbergen sucht. *Ihr mögt, was in euch ist, kundtun oder geheimhalten, Gott rechnet (dereinst) mit euch darüber ab* (2, 284), denn die Allwissenheit Gottes umfaßt kosmologische Erscheinungen genauso wie die Geheimnisse des menschlichen Wesens.

Nach außen hin scheinbar tieffromme Gesten, wie beispielsweise das vorgetäuschte Gebet, können mit einem Fluch belegt werden: *Wehe den Betenden, die auf ihr Gebet nicht achten, die (von den Leuten) gesehen werden wollen und die Hilfeleistung verweigern!* (107, 4-7) Gott weiß, wenn einer Geste die gebotene Frömmigkeit fehlt oder wenn es an der nötigen Solidarität anderen gegenüber mangelt. Und so wird Solidarität auch nicht nach dem objektiven Wert der Gabe beurteilt, sondern diese muß dem entstammen, was man am meisten liebt: *Ihr werdet die (wahre) Frömmigkeit nicht erlangen, solange ihr nicht etwas spendet, was ihr (selber) liebt.* (3, 92)

Ein freundliches Wort oder eine Vergebung sind mehr wert als eine Gabe, die den Empfänger demütigt. Gott vermag eine solche Demütigung genauso zu erkennen, wie all die anderen Beweggründe, die dem Menschen innewohnen und ihn handeln lassen, seien sie auch noch so subtil. Die Umstände, die aus einer Handlung eine Wohltat oder eine Übeltat machen, kennt der Schöpfer des Universums genausogut wie den Ort, an dem unsere Handlungen Gestalt annehmen. Wenn ein Mensch einfacheren Gemüts nur aus Prestigegründen handelt und damit Gottes Mißfallen erregt, so wird das auch denen zur Last gelegt, die ihre soziale oder intellektuelle Macht mißbraucht und ihn dazu getrieben haben. Und wenn Willensschwache vor den Irreführungen der »schlechten Ratgeber« gewarnt werden, können sie zwar nicht völlig ihrem Schicksal entgehen, indem sie diese schlechten Ratgeber anprangern; es steht aber auch geschrieben: *Sie* [die schlechten Ratgeber] *sollen deshalb am Tag der Auferstehung ihre Last (d.h. die Last ihres Unglaubens und ihrer bösen Werke) vollständig (d.h. ohne daß ihnen etwas davon abgenommen wird) tragen und (dazu noch etwas) von der Last derer, die sie in (ihrem) Unverstand (hier im Diesseits) irreführen.* (16, 25)

Aufgrund der göttlichen Allwissenheit ist jeder Beschluß Gottes wohl begründet. Ein solcher Beschluß ist schiedsrichterlich und nicht willkürlich; er beruht auf dem Wissen, das nur Gott hat und das dem Menschen verborgen bleibt; doch er wird gerechtfertigt durch die vom Menschen anerkannten Werte, welche ihm die Gerechtigkeit Gottes garantieren.

Diese Gerechtigkeit ist allumfassend und vollkommen. Dem Menschen wird versichert, daß ihm keine Missetat fälschlicherweise zur Last gelegt und keine Wohltat streitig gemacht werden wird. Dennoch besteht hier kein völliges Gleichgewicht zwischen Gut und Böse. So wie Ungleichheit zwischen dem Schöpfer und seinem Geschöpf besteht, so besteht auch eine Ungleichheit zwischen den Beiträgen, die sie in ihrem Miteinander leisten. Gott vergilt die Handlungen des Menschen nicht mit gleicher Münze; zwar bestraft er eine Missetat, die weder durch die Umstände entschuldbar noch auf eine unfreiwillige Entgleisung zurückzuführen ist oder die durch Reue ausgelöscht wurde. Doch für die guten Werke des Menschen – Handlungen, die einer guten Absicht entsprangen – behält er sich eine ungleich größere Entlohnung vor, als es dem eigentlichen Wert entspräche. Denn *Euer Herr hat sich zur Barmherzigkeit verpflichtet* (6, 54).

Der Koran ist eine geoffenbarte Belehrung im Spannungsfeld zwischen zwei Polen: der Transzendenz des Schöpfers und der Verantwortlichkeit des zur Moral Befähigten, seines Geschöpfes.

Jede koranische Belehrung kann Allgegenwart und Überlegenheit für sich in Anspruch nehmen. Deswegen kann die Bedeutung jeder einzelnen dieser Belehrungen nicht außerhalb ihrer Beziehungen zu den anderen und zu dem gesamten Buch definiert werden.

Der Koran, das Buch

Ägyptischer Koran aus dem 16. Jahrhundert
(vorhergehende Seite)

Bibliothèque de l'Arsenal, Paris.
Ph. © J.-L. Charmet.

Jeder Anhänger des Islam und jeder an dieser Religion Interessierte muß den Aufbau des Korans analysiert haben, denn nur, wenn dieser Aufbau berücksichtigt wird, kann der Koran in all seinen Bestandteilen korrekt gelesen werden. Der sorgfältige Leser wird erkennen, daß er zur Aufmerksamkeit und Wachsamkeit aufgerufen werden soll. Im Koran heißt es an vielen Strecken, daß es sich hier um das Wort Gottes handelt und als solches jedwedes andere Wunder übertrifft. Er tritt an die Stelle des Beglaubigungswunders, das Mohammeds Zeitgenossen von ihm forderten, damit er sich als Prophet legitimiere. Damit kommen wir zu einem wichtigen Thema, mit dem sich die islamische Theologie beschäftigt, nämlich der Frage, wie der Koran – ganz unabhängig vom Glauben an den Koran selbst – zu lesen ist.

Es gibt zwei ganz unterschiedliche Ansätze. Zum einen kann man den Koran hinsichtlich seiner Textstruktur lesen, in welcher die verschiedenen Textelemente als Teil eines Ganzen betrachtet werden. Man kann aber auch jeden Textteil isoliert betrachten. Beide Ansichten sind sowohl bei den Verfechtern als auch bei den Gegnern des Islams vertreten. Wenn die strengen Vertreter dieses Glaubens außer acht lassen, daß die einzelnen Teile des Korans zu dem Ganzen gehören und sie isolieren, dann berauben sie diese Teile der Vielfalt ihrer

Bedeutung, obwohl sie sie doch als heilig zu verehren glauben. Und auch die Kritiker des Islam schwächen ihre eigene Argumentation in der Auseinandersetzung mit dem Koran ab, wenn sie dies tun. Für die islamische Gesellschaft ist der Koran keine Aufzählung von anekdotischen Informationen und Lebensrezepten, die man einzeln herausnehmen könnte. Er ist vielmehr ein Ganzes, aus dessen Gesamtheit die Prinzipien für das tägliche Leben abgeleitet werden und nach dessen Grundsätzen gesellschaftliche Normen erstellt werden. Mit dieser Lebenshilfe und diesem Regelwerk ist es dem Muslim möglich, sich jeder Herausforderung des Daseins zu stellen.

Überlegenheit

Zur Unnachahmlichkeit des Korans

Gleich mit den ersten offenbarten Versen präsentiert sich der Koran als ein vollständiges Buch. Der Prophet verhält sich wie jemand, dem nach und nach ein Text diktiert wird, den er dann Stück für Stück rezitieren soll. Dabei ist er sich stets der Tatsache bewußt und wiederholt dies auch immer wieder, daß es sich bei diesem Text um Teile eines Buches handelt. Die Offenbarung ist Antwort, Reaktion und ein Eingehen auf praktische Fragen und philosophische Fragen. In diesem Geflecht der Antworten wird zuvor Gesagtes oft bestätigt oder ergänzt, und die Erläuterungen werden den jeweils neuen Umständen angepaßt.

Dies wird durch zwei Feststellungen bekräftigt, von denen die erste historischer Natur ist: Wie oben geschildert, bediente sich der Prophet des Gedächtnisses und der Schreibfedern seiner Gefährten, um eine systematische Sammlung der Offenbarungen anzulegen – wobei diese strikt von dem getrennt gehalten werden mußten, was keine Offenbarung ist, also von dem, was er selbst geäußert hat. Die andere Feststellung ist philologischer Natur: Der Text der Offenbarung enthält Anmerkungen über den Text selbst, die als dessen integraler Bestandteil folglich vom gleichen Status sind. Diese Anmerkungen verweisen auf die Kontinuität der Offenbarung und definieren, worin diese Kontinuität besteht.

Was die strikte Trennung von Offenbarung und Aussprüchen anbelangt, so existiert ein besonders bedeutungsvoller *Hadith* des Propheten Mohammed, der besagt, daß jedem Propheten wahre Wunder gegeben wurden, um den Glauben in den Menschen zu erzeugen. Ihm selbst sei es nur gegeben, eine Offenbarung zu empfangen, und er hoffe, der Prophet unter den Propheten zu sein, der die meisten Anhänger haben werde.

Der Prophet unterstreicht damit, daß der Koran das eigentliche Wunder ist, ein zeitübergreifendes Wunder, durch das der göttlichen Lehre eine Verbreitung über den Kreis der unmittelbaren Zeugen hinaus sicher ist. Die Lehre soll die Unzähligen erreichen, die das Buch noch kennenlernen werden. Deswegen ist es so bedeutungsvoll, daß der erste offenbarte Vers, wie wir sehen konnten, mit dem berühmten *Trag vor!* beginnt und gleich in der zweiten offenbarten Sure das Schreibrohr, das Instrument zur Niederschrift der Botschaften, erwähnt wird.

Was die philologische Sichtweise anbelangt, kann man sagen, daß der gesamte Koran ein *iltifat* (wörtlich: »die Güte Gottes« oder »ein Geschenk Gottes«) ist, der den Blick auf sich selbst als Ganzes einfordert. Erstaunlich hoch ist die Anzahl von Suren, deren *incipit* der Verkündigung einer der Qualitäten des Buches gewidmet ist. Manche preisen gleich zu Beginn die klare Ausdrucksweise des Korans, so beispielsweise der Satz »*Das sind die Zeichen des deutlichen Buches*«, andere loben die Genauigkeit des Korans und die große Sorgfalt, mit der die Verse unterteilt sind. Wiederum andere verweisen auf die innere Heiterkeit der Verkündigung. Die Einleitungen können als Ouvertüren im musikalischen Sinne aufgefaßt werden, als Schlüssel zum Ganzen. In dieser Einleitung klingen die musikalischen Themen an, die später in unterschiedlichen Tonarten und Tempi variiert werden.

Besonders die Vergleiche und die Metaphern im Koran sind mit Anmerkungen zur hohen rhetorischen Qualität des Textes versehen, der alle Spielarten des Gleichnisses und der Antithese beherrscht. Da findet sich beispielsweise die Warnung, der Mensch möge eine Spende aus seinem Vermögen nicht dadurch abwerten, daß er die Gabe zur Schau stelle und den Empfänger damit demütige. Wenn jemand seine Gabe durch ein solches Handeln im Wert herabgesetzt hat, dann gleicht er einem erdbedeckten Felsen, den ein Platzregen völlig bloßgelegt hat. Die Reihe der Bilder endet mit der Aussage: *So macht Gott euch die Zeichen klar. Vielleicht würdet ihr nachdenken.* (2, 266) Die Meditation über die Welt, die Schöpfung Gottes, wird überlagert von der Meditation über den Diskurs, der seinerseits zu diesem Nachdenken aufruft.

Von Anbeginn der Offenbarungen – der dritten Sure nach der chronologischen Ordnung – wußte der Prophet, welche Verantwortung damit verbunden sein würde, von Gott empfangene Worte zu verbreiten. Seitdem hat Mohammed unermüdlich der Offenbarung des – im weitesten Sinne unendlichen – Wortes des Herrn der Welten gelauscht – eines Wortes, dessen Gehalt sich auch in der Schöpfung widerspiegelt, die es jedoch ebensowenig angemessen wiedergeben kann wie der Mensch.

Als Metapher zur Beschreibung dieser Unendlichkeit und um hervorzuheben, wie sehr diese Botschaft die Sinne überflutet, bietet sich das Meer an: *Sag: Wenn das Meer Tinte wäre für die Worte meines Herrn, würde es noch vor ihnen zu Ende gehen, selbst wenn wir es an Masse verdoppeln würden.* (18, 109)

Der Berg versinnbildlicht die Last der Verantwortung für den, der das Wort verkündet: *Wenn wir diesen Koran (statt auf dich) auf einen Berg hätten herabkommen lassen, hättest du ihn aus Furcht vor Gott demütig zusammensinken und sich spalten sehen.* (59, 21)

Dies mag auch die Wirkung des Buches auf die Menschen erklären, die würdig sind, es zu empfangen. Die Begegnung mit dem Wahren rührt buchstäblich zu Tränen: *Wenn sie hören, was (als Offenbarung) zu dem Gesandten herabgekommen ist, siehst du, wie ihre Augen auf Grund der Kenntnis, die sie (durch ihre eigene Offenbarung) von der Wahrheit (bereits) haben, von Tränen überfließen.* (5, 83) Die wechselnden Tonarten des Themas haben eine verklärende Wirkung auf den Menschen: *Gott hat die beste Verkündigung (die man sich überhaupt denken kann, als Offenbarung) herabgesandt, eine sich gleichartig wiederholende Schrift (mit) Erzählungen, die diejenigen, die ihren Herrn fürchten, (zuerst) zum Schaudern bringt, hierauf (aber) an Leib und Seele besänftigt und dazu anhält, Gottes zu gedenken.* (39, 23)

Im kulturellen Kontext Arabiens jener Zeit war jemand, der das Wort beherrschte, genauso hoch angesehen wie die politischen, militärischen oder sogar religiösen Würdenträger. In diesem Zusammenhang sei daran erinnert, daß parallel zu dem Markt, der unmittelbar nach der Abhaltung der Wallfahrtsriten der arabischen Völker um die Kaaba stattfand und alle Stämme vereinte, berühmte poetische und rhetorische Wettbewerbe veranstaltet wurden. Bei diesen Wettbewerben bestand die höchste Auszeichnung darin, daß ein Werk öffentlich zur Schau gestellt, also »aufgehängt« wurde. Ein so gewürdigtes Werk wurde zum *Mu'allaqat*, wörtlich: »die Aufgehängten (sc. Gedichte)«.

Eine Predigt wurde üblicherweise danach bewertet, mit welcher Beredsamkeit sie gehalten wurde; die Bewertung der Eloquenz war Gegenstand nicht nur lebhafter, sondern fachlich auch äußerst präziser Debatten. Angesichts der neuen Botschaft, dem Koran, traten zwei diametral entgegengesetzte Meinungen zutage, welche uns heute eine Vorstellung von der damals herrschenden Atmosphäre vermitteln. Einige Mekkaner brachten vor, daß der Koran nicht auf der Höhe der zuvor immer vorgetragenen Meisterwerke sei, die – auch aufgrund der wenig entwickelten Schriftlichkeit – in den meisten Köpfen präsent waren. Andere fanden, daß der Stil durchaus an die Qualität dieser Predigten heranreichte.

Doch die Einstellung derjenigen, die nur auf die stilistische Qualität achteten, war im Grunde schädlich. Die neue Botschaft wurde degradiert zu dem Werk eines talentierten Erzählers oder, im besten Falle, zu einem Geniestreich und war damit nur ein weiteres unter den zahlreichen literarischen Ereignissen der Gesellschaft.

Das Verhalten des Propheten, aber auch der Inhalt der koranischen Offenbarung lassen eine Kritik an der stilistischen Qualität des Korans im Grunde nicht zu. Undenkbar ist es auch, diese in irgendeiner Weise auf die Fähigkeiten oder Talente des Propheten zurückzuführen.

Vor diesem Hintergrund sind solche Koranpassagen zu lesen, in denen ausdrücklich der Auffassung widersprochen wird, daß der Prophet ein großer Dichter oder Rhetoriker sei – was damals als höchst ehrenwert galt. Später wurde dies als Gleichgültigkeit oder sogar Feindseligkeit gegenüber der sprachlichen Kunstfertigkeit interpretiert. Aber eigentlich geht es um etwas ganz anderes, wie die Verse, die sich mit den Dichtern befassen, zum Ausdruck bringen. Am häufigsten werden in diesem Zusammenhang sicherlich folgende Verse zitiert: *Und den Dichtern folgen die Abgeirrten. Und den Dichtern (die ihrerseits von Satanen inspiriert sind) folgen diejenigen, die (vom rechten Weg) abgeirrt sind. Hast du denn nicht gesehen, daß sie in jedem Wadi schwärmen, und daß sie sagen, was sie nicht tun?* (26, 224-226)

Diese Verse beschließen eine Sure, die anfangs die Klarheit der koranischen Verse in Erinnerung ruft. In dieser Hinsicht müssen alle Sequenzen der Sure und ihre Entgegnungen auf die verschiedenen Einwände gelesen werden, die gegen die göttliche Lehre erhoben werden. So wird z.B. der Unterstellung, die Offenbarung könne das Werk irgendeines durchtriebenen Teufels sein, natürlich heftig widersprochen. In einigen Versen wird deutlich gemacht, daß die bösen Geister nur über diejenigen kämen, die schwachen Geistes und schwacher Seele seien und sich einem solchen Spiel hinzugeben geneigt seien. Dann werden die Dichter erwähnt, deren Werk eben nicht mit dem koranischen Text gleichgesetzt werden könne.

Diese Haltung kommt auch in anderen Versen zum Ausdruck, in denen auf die Zweifel an der Authentizität der göttlichen Lehre eingegangen wird. Über den Propheten wird gesagt: *Und Wir haben ihn (d.h. Mohammed) nicht die Dichtkunst gelehrt. Die steht ihm nicht an. Es (d.h. die Botschaft, die er vorträgt) ist nichts als eine Mahnung und ein deutlicher Koran, damit er diejenigen warne, die lebendig (und geistig aufnahmefähig) sind, und damit das Wort (der Vorherbestimmung) an den Ungläubigen in Erfüllung gehe.* (36, 69)

Hier wird keineswegs die Dichtkunst herabgewürdigt. Wenn es heißt, der Prophet dürfe nicht beschuldigt werden, der »Erfinder«, der Autor des Buches zu sein, dann bedeutet dies keineswegs, daß die Schriftkunst oder das Studium der heiligen Bücher abgewertet werden sollen.

Dem Propheten wird eine Eigenschaft zuerkannt, um die seine Zeitgenossen schon vor seiner Mission wußten: seine Rechtschaffenheit. Diese Rechtschaffenheit ist gewissermaßen Garant einer getreuen Übertragung der Botschaft, die nur göttlichen Ursprungs sein kann. Die Zweifler, die behaupten, der heilige Text sei von einem Menschen verfaßt worden, werden mehrfach aufgefordert, sich doch an einem vergleichbaren Text zu versuchen. Ihnen stünde es sogar frei, sich dabei jedweder Unterstützung zu bedienen, selbst die solcher Kräfte, denen sie die gleiche Macht wie Gott zubilligen. *Sag: Gesetzt den Fall, die Menschen und die Dschinn tun sich (alle) zusammen, um etwas beizubringen, was diesem Koran gleich(wertig) ist, so werden sie das nicht können. Auch (nicht), wenn sie sich gegenseitig (dabei) helfen würden.* (17, 88)

Die streitbare Aufforderung geht aber noch weiter. Einem anderen Vers nach würde es schon ausreichend sein, zehn so wunderbare Suren wie im Koran zu erschaffen, während es an einer weiteren Stelle heißt, schon eine einzige Sure würde genügen: *Oder sie sagen: »Er hat ihn (d.h. den Koran) (seinerseits) ausgeheckt.« Sag: Dann bringt doch zehn Suren bei, die ihm gleichen, und die (von euch) ausgeheckt sind, und ruft, wenn (anders) ihr die Wahrheit sagt, wen ihr an Gottes Statt (als Zeugen für die Wahrheit eurer Aussagen aufzutreiben) vermögt! Wenn sie (d.h. die falschen Götter, die als Zeuge angerufen worden sind) euch dann kein Gehör schenken, müßt ihr wissen, daß er eben mit Gottes Wissen herabgesandt worden ist (d.h. daß es göttliches Wissen ist, was der Koran zum Inhalt hat), und daß es keinen Gott gibt außer ihm.* (11, 13-14) Diese Ausführungen verdeutlichen, was gemeint ist, wenn es heißt, der Koran sei unnachahmlich.

Die drei großen Streitfragen

Die Unnachahmlichkeit des Korans ist tatsächlich ein wichtiges Thema der islamischen Apologeten*, wenn nicht sogar das wichtigste. Zumindest ranken sich darum drei große Auseinandersetzungen von historischer und ideologischer Bedeutung: die Diskussion um die Ewigkeit des Korans, seine Lesart und seine Übersetzung.

Was die historische Dimension anbelangt, streiten sich die islamischen Theologen um die Frage, ob der Koran ein von Gott geschaffenes und somit ein von Gottes Wesen zu unterscheidendes Werk ist oder ob der Koran als Wort Gottes wesensgleich mit Gott ist und somit als ewiges, unerschaffenes, präexistentes Wort bereits vor seinem historischen Erscheinen bei Gott war. Diese beiden Thesen sind eine logische Ableitung der Grundprinzipien des Islams und besonders eben auch seines Monotheismus.

In der ersten These kommt das Anliegen zum Ausdruck, Glauben und Vernunft in Einklang zu bringen, indem man bestätigt, daß der Triumph des Korans eine Tatsache, ein Werk, ein Entgegenkommen Gottes an uns ist. Aus dieser Sicht läßt sich für den Koran jedoch keine Allmacht oder gar ewige Allmacht ableiten. Die Attribute »Allmacht« und »Ewigkeit« treffen allein auf Gott zu, außer Gott kann nichts, auch nicht der Koran, mit diesen Attributen beschrieben werden. Dies ergibt sich folgerichtig aus dem strengen Monotheismus, der eine Unterscheidung zwischen dem Schöpfer und all dem einfordert, was er erschaffen hat.

Diese Ansicht kristallisiert sich heraus, wenn man folgende Theorie über die Erschaffung des Korans weiterentwickelt: Der Koran, das Wort Gottes, ist Werk Gottes.

Als solches hat er im Gegensatz zum Schöpfer keine ewige Existenz in dem Sinne, als er nicht ewig in die Vergangenheit zurückreicht. Denn die Existenz des Korans hat sehr wohl einen zeitlich datierbaren Ursprung.

Diese Lehrmeinung entwickelte sich zur Staatsdoktrin, als die Mutasiliten bevorzugte Berater des Kalifen al-Ma'mun (786-834) wurden. Es gab sogar eine Zeit, in der die als antirationalistisch eingestuften Gegner einer Art Inquisition unterworfen wurden. Der Kalif teilte einmal einem seiner Statthalter mit, daß diejenigen, die an der »Unerschaffenheit« des Korans festhielten, den Monotheismus gleichermaßen mißverstünden wie einige Christen, die da glaubten, Jesus sei »unerschaffen« wie Gott, weil er das Wort Gottes sei.

Ibn Hanbal (780-855), Gründungsimam einer Schule, aus der sich das Wahhabitentum entwickelte – die offizielle Doktrin des heutigen Saudi-Arabiens –, hat sich durch seinen Widerstand gegen diese Verfolgung Ruhm und Autorität erworben. Seine Thesen haben in diesem besonderen Punkt letztendlich die Oberhand im sunnitischen* Islam gewonnen. Dabei war es besonders die ausgewogene Formulierung dieser Thesen, auf der der Konsens gedeihen konnte: »Der Koran ist das Wort Gottes. Und Gott ist unerschaffen.«

Hier wird die subtile Vielschichtigkeit der Unterscheidungen deutlich, die es bei der Analyse einer so schwierigen Materie zu berücksichtigen gilt. Einerseits ist die Rede von der Ewigkeit Gottes und folglich der Ewigkeit all seiner Attribute (zu denen sein Wort zählt), andererseits von den von Gott gewährten Manifestationen seines Willens (was *per definitionem* all das umfaßt, was er geschaffen hat und was also nicht Er ist). Seinem Willen folgend, werden diese Manifestationen (welche anderen Funktionen sie daneben auch haben mögen) jenem Geschöpf zum Nachdenken anempfohlen, das als verantwortlich erwählt worden ist vor Gott und das daher unmittelbarer Empfänger der »Mahnung«, also des Korans, ist.

Die zweite theologische Debatte beschäftigt sich mit der Lesart des Korans. Wir sind bereits zuvor auf diese Problematik gestoßen. Die koranische Botschaft wurde in der Absicht diktiert, rezitiert zu werden; mit in dieser Botschaft enthalten ist die Anweisung, was mit diesem Diktat geschehen soll: *Bewege deine Zunge nicht damit (d.h. mit dem Vortrag eines Korantextes), so daß du dich damit übereilst! Es ist unsere (und nicht deine) Aufgabe, ihn zusammenzubringen und zu rezitieren. Und (erst) wenn wir ihn (dir vor)rezitiert haben, dann folge seiner Rezitierung. Hierauf ist es unsere Aufgabe, ihn (in seiner Bedeutung im einzelnen) darzulegen.* (75, 16-19)

In solchen Momenten wird die Distanz zwischen dem Schöpfer und seinem Gesandten deutlich. Dieser Gesandte, der aufgefordert ist zu verkünden: *Ich bin ja nur ein Mensch wie ihr, mir wird offenbart*, kann, selbst wenn er es wollte, keine anderen Worte anbieten als die, die ihm offenbart wurden. An anderer Stelle wird er sogar nachdrücklich aufgefordert, sich vor einer solchen Versuchung zu hüten. Wie alle Menschen muß er sich vor Gott verantworten und sich fragen lassen, ob er seine Aufgabe getreu erfüllt hat.

Für einige Theologen wie Ibn Hazm (896-1064) und den Sufi* Ibn al'Arabi (1165-1240) ist jedes Element des koranischen Textes buchstäblich aufzufassen. Das Hinzufügen irgendeiner abgeleiteten Bedeutung ist ihrer Meinung nach unzulässig. Die orthodoxen Theologen werteten diese Ansicht als übertrieben und haben sie dadurch recht unauffällig marginalisiert, daß sie ihre Verbreitung behindert haben. Dennoch gilt es, diesen beiden Denkern insofern Gerechtigkeit widerfahren zu lassen, als ihre buchstäbliche Korantreue keineswegs als blinder Gehorsam ausgelegt werden darf. Auf ihrem spirituellen Weg ist ihre Treue gegenüber dem Buchstaben des Korans Ausgangspunkt für ihr persönliches Bemühen, die göttliche Realität auf Grundlage desjenigen Geistes zu begreifen, der dem Buchstaben innewohnt.

Am anderen Ende des Meinungsspektrums ist die Behauptung angesiedelt, daß das Wort Gottes einen anderen als den buchstäblichen Sinn habe. Dieser Glaube an einen verborgenen Sinn hat dadurch, daß er zu einer esoterischen Interpretation tendiert, über den Kreis seiner offiziellen Anhänger hinaus Verbreitung gefunden. Er charakterisiert eine Denkweise, die zwar weniger eindeutig, dafür aber offener ist. Wie auch unter den Anhängern anderer spiritueller Gemeinschaften haben sich Vertreter beider Strömungen, der exoterischen und der esoterischen, gegenseitig beschuldigt, dem göttlichen Text nicht genug Achtung zu erweisen. Gleichzeitig beanspruchten beide Richtungen die strikte Befolgung der Regeln (Observanz) jeweils für sich.

So meinen die einen, wer etwas anderes sage, als in dem offenbarten Text ausdrücklich steht, lasse es dem heiligen Text gegenüber an dem gebotenen Respekt fehlen. Die andere Seite hingegen behauptet, die wahre Achtung vor dem Text bestehe darin, den ihm zweifelsohne innewohnenden Bedeutungsreichtum nicht zu beschränken.

Wer sich mit dem Text befaßt und betrachtet, wie ihn die Gläubigen verschiedener Epochen und aus unterschiedlichen islamisch geprägten Gebieten aufgefaßt haben, wird erkennen, daß es viele verschiedene Meinungen darüber gibt, wie mit der Bedeutung des Korans umgegangen werden soll. Verschärft wird der Streit um die Auslegung noch, wenn sich eine dritte Gruppe darauf beruft, daß die Achtung vor der Ausdrucksweise des Korans in einzelnen Worten und Buchstaben sich ganz logisch aus der Gesamtheit seiner Lehre ableite. Er wäre daher inkonsequent, wenn zur Bedeutungsbestimmung jedes Wortes und jedes Buchstabens nicht die Bedeutung eben dieser Gesamtheit des Korans berücksichtigt würde. Diese Problematik hängt auch mit den Beziehungen zwischen dem Koran und der arabischen Sprache zusammen. Damit kommen wir zum Thema der dritten großen Debatte: zur Übersetzung des Korans.

Dadurch, daß der Koran in Arabisch, der alltäglichen Sprache seiner Adressaten, verfaßt ist, kann die Botschaft in ihrer ganzen Bedeutungsweite erfaßt werden. So verstärkt sich der Glaube an die Transzendenz Gottes, dessen Manifestation dieser Text ist, ebenso wie sich die Vorstellung festigt, daß der Mensch vor Gott verantwortlich ist. Diese Verantwortlichkeit vor einem transzendenten Gott stützt sich auf die Gerechtigkeit seines Urteils, die wir von ihm erwarten dürfen. Diese Gerechtigkeit wiederum kommt in der Eindeutigkeit der Botschaften zum Ausdruck, die uns die göttliche Lehre vermitteln sollen. Und ein wichtiges Element dieser Eindeutigkeit besteht darin, daß der Text in einer eindeutigen Sprache verfaßt ist.

Der Koran wurde also in arabischer Sprache diktiert, damit seine Empfänger ihn auch verstehen können, einen direkten Zugang zu ihm haben, ihn verehren und darüber meditieren können. Im Arabischen, und eben nur im Arabischen, werden die geniale Aufteilung der Koranverse und der Nuancenreichtum der Sprache deutlich. Immer wieder wird im heiligen Text daran erinnert, warum sich der Koran der arabischen Sprache bedient: damit die Empfänger der Botschaft ohne Umwege Lehre und Moral daraus ziehen können. Diese Absicht wird – außer in den zahlreichen Varianten anderer Verse – auch in folgender Passage deutlich, die sich an den Propheten richtet: *Wir haben ihn (d.h. den Koran) (indem wir ihn) eigens in deiner Sprache (eingegeben haben) dir leicht gemacht, damit du den Gottesfürchtigen mit ihm frohe Botschaften bringst und streitsüchtige Leute mit ihm warnst.* (19, 97) *Wir haben ihn (indem wir ihn) eigens in deiner Sprache (eingegeben haben) leicht gemacht. Vielleicht würden sie sich mahnen lassen.* (44, 58)

Die Gerechtigkeit Gottes ist vollkommen. Jeder ist vor dem Hintergrund zu beurteilen, welche Lehren er erhalten hat und welches Maß an Verantwortungsbewußtsein ihm diese Lehren haben vermitteln können. Gott weiß um die Eigentümlichkeiten und Grenzen einer jeden Sprache und wie wichtig sie für ein Textverständnis sind – er hat sie schließlich so erschaffen. Und so sagt er von den Verkündigungen des Propheten – die er an anderer Stelle neben die der Schöpfung selbst innewohnenden Zeichen gestellt hat –: *Und wir haben keinen Gesandten (zu irgendeinem Volk) geschickt, außer (mit einer Verkündigung) in der Sprache seines Volkes, damit er ihnen (d.h. seinen Volksgenossen) Klarheit gibt.* (14, 4)

Der Text zielt auf eine ausschließlich dem arabischen Kulturkreis angehörende Zuhörerschaft ab. Dies unterstreicht noch einmal die göttliche Gnade, die darin liegt, sich der Sprache dieser Menschen bedient zu haben, und gibt Anhängern der Buchreligionen Anlaß zu diversen Überlegungen; deren wichtigste besteht wohl in der Einsicht, daß kein Volk die göttliche Botschaft für sich gepachtet hat – eine Anspielung auf das Verhalten der jüdischen und christlichen Gemeinden auf der arabischen Halbinsel, deren heilige Texte in fremden Sprachen weitergegeben und gelehrt wurden.

Die damaligen Streitigkeiten um die absolute Hierarchie der Sprachen werden vom Koran als vordergründig angeprangert; ihre tieferen Gründe analysiert er an verschiedenen Stellen: In diesen religiösen Gemeinschaften war die Auslegung der Texte den Priestern vorbehalten, und daher rühren auch die Abweichungen in der Auslegung der Botschaften, die die früheren Propheten mit so viel Mühe übertragen haben. Der Koran beschreibt die Geschichte des Menschen, des Empfängers aller Lehren, als die eines Wesens, das nicht immer die Scharfsichtigkeit hatte, an die Botschaft zu glauben, und selten die Ausdauer bewies, den Glauben daran aufrechtzuerhalten. Dies soll die Menschen lehren, daß die Bewahrung der Texte weder das Privileg einer Kaste noch das Monopol eines Stammes sein darf, so wie im Falle der Koraisch, als diese den Kult um die Kaaba monopolisierten.

Die Besonderheit der Definition des Korans durch sich selbst ist also das Gebot, sich nur an das zu halten, was diktiert ist, und nicht an dessen Auslegung. Das Wissen wird von der Auslegung getrennt, der Text von seiner Erklärung. Unter diesen Umständen erscheint das buchstabengetreue Bewahren des koranischen Textes möglich – im Gegensatz zu den früheren Büchern, die – wie ein arabischer Zeitgenosse Mohammeds berichtete – er nur durch die Vermittlung der Priester der entsprechenden Glaubensrichtung kenne. Wo endete dabei die einfache Übersetzung, wo fing die Auslegung an?

So gesehen kann man behaupten, daß die Traditionalisten den Koran für unübersetzbar halten, was der Koran selbst jedoch nicht so deutlich sagt. Diese Unübersetzbarkeit galt übrigens auch für die anderen heiligen Texte. Übersetzungen – in dem Sinne, daß Ausdrücke verwendet werden, die sich in der Offenbarung selbst nicht finden – standen am Anfang der Meinungsverschiedenheiten, deretwegen die neue Verkündigung teilweise abgelehnt wurde, obwohl sie eigentlich eine Bestätigung der vorherigen Botschaften darstellte. Was prinzipiell am Übersetzen kritisiert wird, sind die Auslegungen, die der übersetzte Text enthalten könnte. Die Übersetzung selbst wird – so wie es später auch tatsächlich der Fall war – als etwas gesehen, das nicht ohne Kommentar auskommt, sei es den expliziten oder den noch schlimmeren impliziten Kommentar.

Wenn also der islamische Übersetzer des Korans sagt oder zu verstehen gibt, daß es sich bei seinem Werk nur um den Versuch einer Übertragung des Korans handelte, so hält er sein Bemühen generell keineswegs für überflüssig. Er will damit lediglich ausdrücken, daß die Übertragung seinen Leser nicht davor bewahrt, von Zeit zu Zeit im Original nachzulesen. Diese Haltung hat die kultische Praxis und – im noch größeren Maße – das kulturelle Leben tief und dauerhaft geprägt.

Allgegenwart

Der Koran inspiriert die kultischen Handlungen des Gläubigen nicht nur, er ist auch ein fester Bestandteil derselben. Zu den Riten gehört es, den Koran zu rezitieren. Das bedeutet, daß alle praktizierenden Muslime seinen Text beherrschen müssen; es reicht nicht, dem Vortrag des vorlesenden Priesters, des Offizianten, zu lauschen. Auch für die Befolgung der drei Säulen des Islam, die den Status eines Ritus haben, ist diese Kenntnis des Korans unerläßlich: das Gebet, das Fasten und die Wallfahrt.

Der Koran, Mittelpunkt kultischer Handlungen

Die Feststellung, das Gebet der Muslime sei von der Rezitation des Korans geprägt, mutet fast schon als Binsenwahrheit an. Jeder Anhänger einer Buchreligion oder ganz allgemein einer Religion, die auf einem Buch gründet, ist notwendigerweise dazu angehalten, sich einige Passagen des entsprechenden Buches zu vergegenwärtigen. Die feierlichen Gebetsriten, die gemeinschaftlich oder in Gebetsgottesdiensten vollzogen werden, sehen das Verlesen ausgewählter Passagen aus den heiligen Büchern vor.

Wie in anderen Religionen wird im Islam zwischen Gebet und Gottesdienst unterschieden, wobei dieser Unterschied hier ein anderer ist. Das »rituelle Gebet« (*salat*) existiert in zwei Ausprägungen. Es gibt das individuelle Gebet, das fünfmal am Tag abgehalten werden muß, und das gemeinsame Freitagsgebet, das im Rahmen eines Gottesdienstes in der Moschee abgehalten wird. Beim rituellen Gebet sind bestimmte Vorschriften in bezug auf den Zeitpunkt des Gebets und auf die Körperreinigung und -haltung des Betenden genau zu befolgen. Das fünfmalige rituelle Gebet ersetzt keineswegs das freie Gebet, das zu allen Gelegenheiten und ohne Einhaltung einer bestimmten Abfolge von Verneigungen und Kniefällen abgehalten werden darf und soll.

Für das freie Gebet werden u.a. Worte verwendet wie *dua* (Anrufung Gottes), *dhikr* (das ständige Denken an Gott), *tahajjud* (nachts wachen, die Nacht betend verbringen) und *ibtihal* (Flehen, demütiges Bitten). Im übrigen rechnet es der Koran den Gläubigen zum Verdienst an, sich Gottes »stehend, sitzend oder liegend« zu erinnern. Es geht also um den Unterschied zwischen dem zulässigen und verdienstvollen, frei formulierten Gebet in jedweder Körperhaltung zu jeder Zeit und an jedem Ort und dem rituellen, institutionalisierten Gebet, der Liturgie.

Die Absicht dieses instituionalisierten Gebets gleicht denen der anderen Säulen des Islams: Die Disziplin des Gläubigen soll gefördert werden, er soll sich in vollständiger Demut üben, Körper und Seele Gott hingeben.

Auch wenn das Gebet in Gemeinschaft verrichtet wird, betet der Gläubige als Individuum und ist somit für die vorschriftsmäßige Durchführung verantwortlich. Bei dieser Pflichtausübung ist der Gläubige also sein eigener Offiziant, sein eigener Priester. Und da sowohl das Gebet als auch seine Abfolge genauen Vorschriften für Gesten und Sprechformeln unterliegen, ist es der einzelne, der diese als Priester und Seelsorger seiner selbst zu erfüllen hat.

Im allein verrichteten *salat* muß der Gläubige auf die Einhaltung dieser Gesten selbst achten. Beim gemeinschaftlichen, vom Imam angeleiteten *salat* hingegen fordert er sich selbst zu bestimmten Handlungen auf, bevor er sie, als Antwort auf die Aufforderung des Imams, ausführt. Im gemeinschaftlichen *salat* bleibt der Gläubige also Offiziant trotz der Gegenwart eines Imams, der das rituelle Gebet anleitet. Die Funktion des Imams kann irgendeiner der Gläubigen übernehmen, die sich zur Stunde des Gebets zusammengefunden haben, was in der Tat auch oft der Fall ist.

Für uns ist es wichtig zu vermerken, daß sowohl die individuelle wie die kollektive Ausübung dieses Rituals die Rezitation von Koranpassagen beinhaltet. Sobald die Gesten vollzogen sind, mit denen der einzelne Betende ebenso wie der Iman eine Art heiligen Raum um sich herum schaffen, wird mit der Rezitation der ersten Sure des Korans begonnen, der *al-Fatiha*, jenes kurzen Textes aus sieben Versen, deren letzte ein Gebet im wahrsten Sinne des Wortes bilden: *Führe uns den geraden Weg, den Weg derer, denen du Gnade erwiesen hast, nicht (den Weg) derer, die d(ein)em Zorn verfallen sind und irregehen!* (1, 5-7) Deshalb antwortet sich der Offiziant selbst: Amen.

Nach jedem Abschnitt, von dem zwei bis vier vorgeschrieben sind, folgt das Verlesen von Versen, deren Auswahl dem Offizianten überlassen ist. Diejenigen, die das Buch nicht so gut kennen, können natürlich nur auf ein begrenztes Repertoire von einigen kurzen Suren oder Versen zurückgreifen, die man ihnen beigebracht hat. Die Gelehrteren können eine der gegebenen Situation angemessene Auswahl vornehmen. Es gibt fromme »Handbücher« und nicht schriftlich festgelegte Gepflogenheiten, die diese Auswahl bestimmen. So beschränken gewisse Schulen das anschließende Vorlesen auf die sehr kurze Sure 112, die besonders bekannt dafür ist, wie knapp und bündig sie die Einmaligkeit Gottes preist: *Sag: Er ist Gott, ein Einziger, Gott, durch und durch, an den man sich (mit seinen Nöten und Sorgen) wendet. Er hat weder gezeugt, noch ist er gezeugt worden. Und keiner ist ihm ebenbürtig.* (112)

Es gibt noch andere Bräuche, die nicht so stark institutionalisiert sind. Ein Beispiel ist die Rezitation der gleichermaßen kurzen Sure *al-Asr*, »Der Nachmittag«, anläßlich des Nachmittagsgebets: *Beim Nachmittag! Der Mensch kommt (mit seinem gottlosen Handeln) bestimmt zu Schaden, ausgenommen diejenigen, die glauben und tun, was recht ist, und die einander (als Vermächtnis) ans Herz legen, sich an die Wahrheit zu halten und Geduld zu üben.* (103)

Man erzählt sich eine ganze Reihe von Geschichten, in denen die Auswahl dieser Verse eine große Rolle gespielt hat. Indem der Offiziant dem Vorlesen der ersten Sure einen Vers folgen läßt, dessen Inhalt oder Aussage einer bestimmten Situation angepaßt ist, kann er zu verstehen geben, was er selbst nicht sagen will oder zu sagen wagt. Dieses bestätigt noch einmal die enge Verknüpfung zwischen Kult und sozialer Funktion und unterstreicht gleichzeitig, welche Rolle Buchstabe und Geist des Korans hierbei spielen.

Mit dem rituellen Fasten im Monat Ramadan feiert man vor allem die Offenbarung des Korans, die während dieses Monats erfolgte. Eingedenk der Tatsache, daß es sich hier um den Monat handelt, in dem der Prophet die Sammlung der Offenbarung begonnen hat, sind die Tage des Fastenmonats von einer besonders tiefen Religiösität geprägt. Es wird besonders auf die Einhaltung kanonischer Verbote und anderer Vorschriften geachtet. Dies führt bei einfacheren Gläubigen zu Verhaltensweisen, die von den in Frömmigkeit »Geübten« nicht unbedingt gebilligt werden. Schließlich dürfen Pflichten und Verbote während der anderen Monate keineswegs vernachlässigt werden. Selbstverständlich ist auch das Lesen des Korans ein wichtiger Teil der Feierlichkeiten im Ramadan.

Da der Prophet im Monat Ramadan die Gesamtheit dessen »zusammenfaßte«, was ihm offenbart worden war, befolgt man zum Gedenken daran das Ritual, die Nacht betend zu verbringen. Es handelt sich hier um das *salat at-tarawih* (»Gebete für den inneren Frieden« oder »Gebete für die Seele«). Der Prophet hat geboten, dieses Gebet nicht zum kanonischen Ritus werden zu lassen, damit es nicht als Verpflichtung aufgefaßt und in seiner Dauer begrenzt werde.

Da es sich dazu eignet, in Gemeinschaft gesprochen zu werden, findet dieses Gebet fast immer in einer Moschee oder einem Oratorium statt. Ganz besonders wichtig hierbei ist – was häufig vergessen wird –, daß bei dieser Gelegenheit der gesamte Koran, über den Monat verteilt, einmal gelesen wird. Nach dem Vorlesen der ersten Sure werden fortlaufend gleichlange Koranpassagen rezitiert. Am Ende des Monats wird jemand, der an allen *tarawih*-Gebeten hat teilnehmen können, den gesamten offenbarten Text gehört haben. Es liegt auf der Hand, daß die Verwirklichung dieses gemeinschaftlichen Unterfangens eine lückenlose Textkenntnis erfordert. Organisatorisch gesehen wird das Amt des Offizianten unter denen aufgeteilt, die einen Teil des Textes besitzen oder in der Lage sind, sich durch intensives Studium ihren Textteil so zu vergegenwärtigen, daß sie ihn auswendig rezitieren können.

Dies ist, um es noch einmal zu sagen, nur möglich, weil der Muslim keine Priester kennt, und weil jeder einzelne für die Abhaltung dieser Feierlichkeit in Frage kommt, sowohl in den eigenen Augen als auch in denen der Gemeinschaft – ein weiterer Aspekt der »Nächte des Ramadan«, die oft sehr verklärt werden.

Eine besondere Nacht unter den besonderen Nächten des Ramadans ist die *lailat al-quadr,* die »Nacht der Bestimmung«. Der Koran besagt, daß in dieser Nacht die Offenbarung begann, ohne dafür jedoch ein genaues Datum anzugeben. Es hat sich eingebürgert, den 27. Tag des Ramadans zur Feier auszuwählen. Sie findet in der Moschee statt, in der die nächtlichen Gebete abgeschlossen werden, aber auch in der Stadt, wo sie den Auftakt zu den nachfolgenden *Aid*-Feierlichkeiten bildet, dem Fest, mit dem die Fastenzeit beendet wird.

Die rituelle Wallfahrt nach Mekka (die eine nicht rituelle Wallfahrt keineswegs ausschließt) ist ebenfalls eine Pflicht, die kodifizierten Vorschriften gemäß der Lehre des Korans unterworfen ist. Wie auch die anderen Riten ist die Wallfahrt mit einer besonders tiefen Religiösität verbunden und somit auch eine verstärkte Beschäftigung mit dem Koran. Für unser Thema ist es wichtig, daß die Rezitation des Korans die einzelnen Reiseetappen rituell begleitet.

Der Pilger läßt es sich nicht nehmen, anläßlich seines Aufenthaltes an den heiligen Orten den Koran zu lesen – wenn schon nicht den gesamten Koran, so doch einen Teil davon, je nach seinen Fähigkeiten. Auch gibt es bestimmte Augenblicke, in denen die Lektüre von Suren empfohlen wird, deren Botschaft zu den Umständen besonders paßt.

So wird beispielsweise empfohlen, am Tag vor dem die Wallfahrt abschließenden Fest die Sure 59 mit dem

Titel »Die Versammlung« zu lesen. Die 24 Verse dieser Sure werden eingeleitet von dem Kommentar zu einem historischen Ereignis, dem Scheitern derjenigen Stämme, die es gewagt hatten, das Bündnis zu verraten, das sie an den Propheten und die Muslime band. Die Verräter werden natürlich in dieser Sure aufgefordert, über ihren Frevel nachzudenken. Viel wichtiger aber ist, den »Siegern« die Größe ihres Verdienstes bewußt zu machen. Ihr Sieg ist eine Wohltat Gottes. Gleichzeitig wird ihnen das lehrreiche Beispiel der von Gott gestraften Gegner vorgeführt, die so leichtsinnig gewesen waren, sich von den trügerischen Versprechungen verführen und ermuntern zu lassen, ihre Verpflichtungen aufzugeben. Dies wird durch ein Gleichnis untermauert: *Und es ist wie mit dem Satan, als er zum Menschen sagte: »Sei ungläubig (oder: gegen Gott undankbar)!« Als er dann ungläubig (bzw. undankbar) geworden war, sagte er: »Ich lehne jede Verantwortung für dich ab. Ich fürchte Gott, den Herrn der Menschen in aller Welt.« Das Ende von ihnen beiden war aber, daß sie ins Höllenfeuer kamen, um (ewig) darin zu weilen. Das ist der Lohn der Frevler.* (59, 17)

Darin ist die allgemeine Lektion enthalten, *daß jede Seele bedenken möge, welche Saat sie für morgen ausgebracht hat.* Die Gnade Gottes ist so umfassend wie der jeweilige Glaube des Menschen. Und so, wenige Stunden vor dem Ende der Wallfahrtsriten – nach deren Abschluß der Gläubige den Titel *Hadschi* (der, der nach Mekka gepilgert ist) annehmen darf – ist der Pilger aufgefordert, sich in die Betrachtung dieser anderen Wahrheit zu versenken: daß das Licht der koranischen Lehre nur diejenige Seele erhellt, die sich vorbereitet hat und bereit ist, die göttliche Gnade zu empfangen, die sie durchdringen soll.

Koran und Bildung

Der Muslim ist nicht nur anläßlich der liturgischen Feiern gehalten, sich mit dem Text des Korans auseinanderzusetzen. Der heilige Text bestimmt das Leben des Muslims von der Geburt bis zum Tod.

Zur Geburt eines Kindes gratuliert man den Eltern mit einem Wunsch wie: »Möge dieses Kind zu den Trägern des Korans gehören.« Wobei den Koran im Herzen zu tragen bedeutet, ihn nicht nur mit dem Verstand zu kennen, sondern mit dem Herzen verinnerlicht zu haben.

Schon bald lernt ein Kind, wichtige Handlungen, vornehmlich die Mahlzeiten, mit dem Ausspruch *bismillah* (»Im Namen Gottes«) einzuleiten und mit *el hamdulillah* (»Gott sei gelobt«) zu beschließen. In der Ordnung der Vulgata sind dies auch die ersten beiden Worte der ersten beiden Verse der ersten Sure. Auf jeden Fall wird ein Kind diese ganze Sure sehr schnell auswendig können, und in den islamischen Gesellschaften gibt es kaum Kinder, die diese erste Sure nicht rezitieren können, noch ehe sie lesen gelernt haben.

Heirat, Umzug, Erfolg, aber auch Beerdigungen werden mit einer *khitma* (»Rezitation des Korans«) begangen, in einigen Kreisen wird sogar der gesamte Koran gelesen. Um dies jedoch in einer vernünftigen Zeit durchführen zu können, bedient man sich folgender Praktik: Nach der gemeinsamen Rezitation der ersten Sure und einiger der in der Vulgata folgenden Verse verteilt man unter den Anwesenden kleinere Einheiten von je zwei *hizb*, also einem Dreißigstel des Buches. Mit

---

Iranischer Koran des 18. Jahrhunderts

Institut du monde arabe, Paris.
Ph. © J.-P. Delagarde.

30 Personen kann man so mit dem gleichzeitigen, aber nicht gemeinsamen Lesen das ganze Buch abgedecken. Sind weniger Personen anwesend, übernehmen diejenigen, die mit dem Koran vertraut sind und schneller lesen können, die doppelte Menge.

Die Vertrautheit mit dem Koran haben fast alle unter der Zuchtrute eines Lehrers der Koranschule (*kouttab*) erworben. Lange Zeit war die koranische Elementarschule die einzige Unterrichtsinstitution für Kinder, und in bestimmten islamischen Ländern ist das immer noch so. Und selbst wenn diese Schulen jetzt einen anderen Namen tragen, existieren sie immer noch parallel zu den staatlichen Schulen. Solche Koranschulen existieren überall: im kleinsten Dorf, in allen Städten, in den Palastnebengebäuden eines Herrschers oder eines großen Herrn, der die Kinder seiner Schützlinge zusammen mit seinen eigenen unterrichten läßt, und im Zelt des Nomadenstammes, wo niemand seinen Kindern die Kenntnis des Korans vorenthalten würde.

Irgendwann einmal hat man also den ganzen Koran gelernt und rezitiert. Dieses Ereignis wird gefeiert. Wer sich entscheidet weiterzumachen, muß sich dem Studium auf einer anderen Ebene stellen. Es stehen die Universitäten Al-Azhar in Kairo, Az-Zitouna in Tunis oder Karawiyin in Fes, aber auch die theologischen Schulen im Irak und Iran zur Verfügung. Selbstverständlich konzentrieren sich die Studien auf den Koran (Exegese, Phonologie und koranische Diktion), aber es werden auch andere Fächer unterrichtet.

Nicht alle Studenten machen den Abschluß. Es brechen mehr Studenten das Studium ab, als es beenden. Die Aussteiger sind deswegen aber keine Unkundigen. Der Anteil der Analphabeten in der traditionellen muslimischen Gesellschaft ist ungleich geringer als in vergleichbaren Gesellschaften.

Das galt besonders für Algerien im Jahre 1830, wie auch die Franzosen des Expeditionskorps feststellten. Sie zogen daraus je nach politischer Ausrichtung unterschiedliche Konsequenzen. Man beabsichtigte, auf den Lehrplan der sogenannten »Schule des gegenseitigen Lehrens« einen Unterricht aufzupfropfen, der als Kaderschmiede für den Dienst bei den neuen Machthabern fungieren sollte. Der ursprüngliche Lehrinhalt sollte durch einen anderen ersetzt werden. Es folgte ein halbes Jahrhundert voller Fehlschläge. In dem Moment, da die neue Schule den Eindruck einer feindlichen Kontrollinstanz machte, wurde sie genauso hartnäckig umgangen wie der Militärdienst in der Armee des Besatzers. Um 1880 waren die Algerier zu Analphabeten geworden. Das Werk der Alphabetisierung in einer ausschließlich fremden Sprache und Kultur konnte beginnen – mit den unliebsamen Entwicklungen, die man heute kennt. Dieser kurze historische Exkurs zeigt, wie eng die Kenntnis des Korans und die Erziehung miteinander verbunden sind. Im Islam wird man kaum einen »Intellektuellen« finden, dessen koranisches Wissen nicht seiner allgemeinen wissenschaftlichen oder kulturellen Bildung entspräche.

In einer traditionellen islamischen Gesellschaft wurden grammatische Regeln an Koranversen erklärt, Morallehre anhand von Koranversen vermittelt und Aphorismen unter Bezugnahme auf den Koran interpretiert. Man kann sich gut vorstellen, daß es in diesem System nur wenige gab, die nicht wenigstens einen Teil des Korans auswendig beherrschten.

Die Erziehung in der *kouttab*, also der Elementarstufe der Koranschule, ist schon seit langem Zielscheibe teils belustigter, teils empörter Kritik. Al-Jahiz schrieb im 8. Jahrhundert seitenlange, alle Schüler amüsierende Satiren über die dummen und peinlichen Fehler seiner Lehrer in pädagogischer und psychologischer Hinsicht.

Die traditionellen Bildungseinrichtungen sind mittlerweile durch solche ersetzt worden, wie man sie überall auf der Welt sehen kann. Die Unterrichtung im Korantext, früher die Vollendung jedweden Lernens, erfolgt jetzt nur noch in einer bestimmten Stundenzahl. Aber in beinahe allen islamischen Ländern lernen die Kinder während der Grundschulzeit wenigstens eine gewisse Zahl an Suren (die beiden letzten *hizb* in der Reihenfolge der Vulgata). Damit hat man das Problem gelöst, die Schule den Bedürfnissen des modernen Lebens anzupassen und dabei gleichzeitig eine Einführung in den Koran zu vermitteln. Die Bilanz aus einigen Jahrzehnten der Unabhängigkeit läßt jedoch erkennen, daß dieser Ansatz, den Koranunterricht parallel zu den eher praktisch ausgerichteten Fächern zu lehren, als eine Marginalisierung der koranischen Lehre empfunden wird.

Deshalb schicken viele Familien ihre Kinder mit Eintritt in die staatliche Schule während der unterrichtsfreien Stunden zusätzlich zu einer traditionellen *kouttab* oder einem traditionsnahen Lehrer. Da die zuständigen staatlichen Einrichtungen zunehmend Probleme haben, wird der religiöse Teil der Erziehung wahrscheinlich weiter vernachlässigt werden, was natürlich die Zahl derer erhöht, die zu einer *kouttab* gehen.

Die Beziehung zwischen Koranlehre und Allgemeinbildung wird nicht immer gewahrt, gleichgültig ob die Koranvermittlung nun auf dem Lehrplan der staatlichen Schulen steht oder im Rahmen der parallelen *kouttab* stattfindet; oft wird diese Beziehung auch hergestellt, ohne die tieferen Zusammenhänge richtig zu vermitteln, was noch schlimmer ist. Zwar wies und weist das traditionelle System zweifelsohne Mängel auf, wie sie auch in anderem Zusammenhang festzustellen sind, denn die ursprünglichen Absichten wurden vergessen und die Prioritäten auf den Kopf gestellt. Doch unter optimalen Bedingungen hat das traditionelle System sehr wohl eine Synthese hervorgebracht, die nicht zu verallgemeinern, aber auch nicht zu leugnen ist.

In der traditionellen *kouttab* kam das Kind beim Lernen mit Kameraden zusammen, die einen anderen Kenntnisstand besaßen und gleichzeitig bereits größere Teile des Korans verinnerlicht hatten. Dort lernte es, daß der Vers des Korans, den es sich gerade einprägte, nur Teil eines Gesamttextes war, den seine Mitschüler zum Teil schon beherrschten. Diese Erfahrung wurde intensiviert, da der Lehrer als besondere Lernerfahrung einen Teil des Unterrichts den älteren Schülern überließ. Da die *kouttab* die einzige Schule war, begriff das Kind auf diese Weise, daß noch ganz andere Kenntnisse erforderlich waren, um im Lernen des Korans voranzukommen.

Aus der eben geschilderten Entwicklung ergibt sich eine Problematik, mit der die heutige Welt bereits seit einigen Jahren konfrontiert ist, ohne sie zufriedenstellend lösen zu können; in der Tat müssen bei einer sinnvollen Bildungspolitik in der islamischen Welt ganz unterschiedliche Aspekte berücksichtigt werden. Lange Zeit hatten alle Projekte der Vereinten Nationen dort die Priorität, die wirtschaftliche Unterentwicklung zu bekämpfen. Als man jedoch die Dividende aus diesem »Jahrzehnt der Entwicklung« einstreichen wollte, mußte man erkennen, wie unzureichend Entwicklungshilfe wirkt, die weder global noch endogen ist. Das Schicksal der Koranlehre ist nur ein Beispiel dafür – wenn auch ein schwerwiegendes, geradezu tragisches.

Der Koran – ein Ganzes

Einer der ältesten Exegeten, ibn Ali al-Farisi, schloß seine Untersuchungen mit dem Satz: »Der ganze Koran ist wie eine einzige Sure.« Diese Aussage ist nicht nur strikt lexikalisch zu sehen. Zwei Vergleiche können uns veranschaulichen, was die Leser des Korans so stillschweigend miteinander zu verbinden scheint, von den Gelehrten bis zu den Laien, von den intellektuellen Geistern bis zu den einfachsten Gemütern. Eine Vorstellungshilfe ist der Vergleich mit der Welt der Musik. Das wirkliche Verständnis eines Musikstückes stellt sich erst mit wiederholtem Hören ein, wenn man sich am Wiedererkennen erfreut und immer wieder Neues entdeckt. Daneben kann man sich den Koran auch wie eine komplexe, lebende Zelle vorstellen, die ein Ganzes bildet und unteilbar ist. Auf wunderbare Art sind die einzelnen Zellvorgänge aufeinander abgestimmt und nur dann begreifbar, wenn sie als Teil des gesamten Geschehens gesehen werden – und dieses Ganze ist wiederum Teil eines viel größeren Plans.

Das Besondere in der islamischen Welt ist, daß dies nicht nur von einer Elite so aufgefaßt wird. Die Geschichte der Offenbarung und die Institutionen, die sich im Islam entwickelt haben – die bescheidene *kouttab* ist nur eine unter vielen –, führten dazu, daß ein ganzer Kulturkreis einschließlich der einfachsten Menschen weiß oder zumindest unterschwellig begreift, daß der Koran ein Ganzes und als solches zu lesen ist.

Wenn der Gläubige mit einem Problem konfrontiert wird, so begegnet er diesem in der festen Überzeugung, daß es schon eine Stelle im Koran geben werde, mit deren Hilfe es zu lösen sein wird – selbst wenn er nicht genau weiß, wo sich diese Stelle befindet. Wird er nun – eventuell sogar scheinbar ungerechtfertigt – aufgefordert, diese Textstelle genau zu bestimmen, und ist ihm oder auch der ganzen Gemeinschaft dies nicht konkret möglich, dann hat diese Gemeinschaft das Gefühl, nicht mehr Herr ihrer eigenen Angelegenheiten zu sein, und fühlt sich ausgeschlossen. Nicht nur der glaubensfremde Eindringling, der den Koran an sich reißt, kann dieses Gefühl hervorrufen; eine solche Reaktion kann auch dem vermeintlichen Befreier gelten, der im Namen des Allgemeinwohls der Gemeinde eine einseitige Solidarität aufzwingt.

So wird auch eine von außen herangetragene Verallgemeinerung der Lehre als Art von »Enteignung« empfunden, die als Falle eines einzelnen gesehen wird, der die Gemeinde beherrschen will. Dagegen glaubt man sich schützen zu können, indem man andere Herrschaften akzeptiert. Diese Ablehnung ermöglicht es uns, einige Widersprüchlichkeiten und Gegensätze der islamischen Gesellschaften zu verstehen, die wir an dieser Stelle jedoch nur unter der besonderen Fragestellung betrachten wollen, wie sie den Koran lesen und welche Lesart ihrer Meinung nach der Koran gebietet. Man kann davon ausgehen, daß diese Widersprüche und Gegensätze immer und immer wieder zu Streitigkeiten und Diskussionen Anlaß geben werden.

Es sei also noch einmal unterstrichen, daß der Schlüssel zum Koran in dem liegt, was wir als die Identität des

Iranischer Koran aus dem 19. Jahrhundert

Stadtbibliothek von Teheran.
Ph © R. und S. Michaud/Rapho.

Buches bezeichnen können: Der Koran ist ein Ganzes und kann nur als solches entschlüsselt werden.

Wer sich auf den Koran bezieht und diesen Aspekt außer acht läßt, wird ihm nicht gerecht, so wie man jeden Text verstümmelt, den man nur auszugsweise liest. Der Koran selbst bringt indirekt und direkt zum Ausdruck, daß es nicht nur möglich, sondern sogar notwendig ist, den Text ganzheitlich zu lesen. Denn nicht nur die Struktur des Korans, mit der wir uns im ersten Teil dieses Buches auseinandergesetzt haben, gebietet es, den Text ganz zu lesen, es finden sich auch bestimmte Passagen, die keinen Zweifel daran lassen und das Lesen der Gesamtheit des Textes zur Vorschrift erheben: *Er ist es, der die Schrift auf dich herabgesandt hat. Darin gibt es (eindeutig) bestimmte Verse – sie sind die Urschrift – und andere, mehrdeutige. Diejenigen nun, die in ihrem Herzen (vom rechten Weg) abschweifen, folgen dem, was darin mehrdeutig ist, wobei sie darauf aus sind, (die Leute) unsicher zu machen und es (nach ihrer Weise) zu deuten. Aber niemand weiß es (wirklich) zu deuten außer Gott. Und diejenigen, die ein gründliches Wissen haben, sagen: »Wir glauben daran. Alles (was in der Schrift steht) stammt von unserm Herrn (und ist wahre Offenbarung, ob wir es deuten können oder nicht).« Aber nur diejenigen, die Verstand haben, lassen sich mahnen.* (3,7)

Daß es im Koran Passagen gibt, die dem Verständnis des Lesers unzugänglich sind, wird somit nicht nur anerkannt, sondern auch gerechtfertigt. Verständliche Verse können dabei durchaus neben solchen stehen, deren Bedeutung umstritten und unklar ist. Dem kann man auf zweierlei Art begegnen: Zum einen gibt es Menschen, die den Verführungskünsten des Bösen erlegen sind. Sie suchen sich die mehrdeutigen Verse heraus und legen diese so aus, daß sie ihrem verderbten Wunsch entsprechen,

Unruhe zu schaffen. Aber es gibt auch solche, die ein tiefes Wissen besitzen, Menschen, die wahrhaft gebildet sind (im Gegensatz zu den »Halbgebildeten«, wenn man sich hier der Terminologie Pascals anschließen will) und begreifen, daß die Interpretation des gesamten Buches bei Gott und nur bei Gott liegt. Deshalb bezeugen sie ihren Glauben an die Gesamtheit des Textes.

Im Vordergrund steht also die Erfahrung, daß eindeutige Verse gleich neben mehrdeutigen liegen. Eine Gruppe von Gläubigen gibt aufgrund der mehrdeutigen Verse jedoch vor, daß alles unklar sei, vernebelt mit Unklarem, was eigentlich klar ist. Die andere Gruppe, die einzigen wahrhaft »mit Geist Begabten«, klärt im Gegensatz dazu das, was unklar ist, durch das, was klar ist. Sie orientiert sich an dem Eindeutigen und verhält sich so, als sei ihr alles klar.

Wie der gesamte Koran kann auch der eben zitierte Vers im Lichte zweier Hauptthemen gelesen werden: der Transzendenz Gottes und der Verantwortlichkeit des Menschen – der Schöpfung Gottes – vor Gott. Die Verbindung zum Thema der Transzendenz liegt auf der Hand, denn die diesem Vers unmittelbar vorangehenden Verse beschäftigen sich mit Himmel und Erde und der Erschaffung des Menschen, seiner Entwicklung von einem Fötus im Mutterleib bis hin zu einem komplexen, erwachsenen und bewußten Menschen. So wird wieder die Verknüpfung zu dem anderen beherrschenden Thema des Korans hergestellt, der Gerechtigkeit Gottes: Wenn der Koran ein Zeichen ist, dann erfordert es die Gerechtigkeit Gottes, daß derjenige ihn zu entziffern vermag, dessen Wohl von ihm abhängt.

Aufgrund einer freien und gleichzeitig wohlüberlegten Wahl entscheiden sich die einen nun für den Glauben und die anderen dagegen. Beiden sind die gleichen Chancen gegeben, Licht und Schatten zu erkennen. Die einen haben dank eines rechtgeleiteten Herzens und eines weisen Einsatzes ihres Geistes den Glauben an eine Welt des Lichtes verdient; die anderen hingegen verdienen aufgrund ihres verderbten Herzens und des Mißbrauchs ihres Geistes Verwirrung und Blendung.

Welches sind nun die eindeutigen und welches die mehrdeutigen Verse? Gäbe es eine eindeutige Antwort darauf, verlöre die den Menschen auferlegte Prüfung ihre Bedeutung und verfehlte ihren Zweck, die göttliche Gerechtigkeit zu verwirklichen. Die Ewigkeit der koranischen Botschaft wäre beeinträchtigt, denn irgendwann hätte sie sich erschöpft, es gäbe keinen Anlaß mehr, den Koran noch tiefer zu erforschen. Doch der Koran ist universell, seine Botschaft richtet sich an alle und gilt für alle Zeiten. Mehrere Verse bringen dies zum Ausdruck und laden so zu dem Spiel der gegenseitigen »Erklärung« geradezu ein. In ihrer Gegenseitigkeit sind die Verse in ihrer Bedeutung unendlich, und die Unendlichkeit der Bedeutung kann nur dann begriffen werden, wenn man den Koran getreu und im Glauben gelesen hat.

Eindeutige Verse und mehrdeutige Verse; diese hat es immer gegeben, es gibt sie noch immer, und es wird sie für jeden Leser geben. Eines aber ist gewiß: was dem einen an Versen klar ist, ist nicht auch dem anderen notwendigerweise klar, und jeder hat ein Recht darauf, andere Verse als eindeutig beziehungsweise mehrdeutig zu empfinden. Selbstverständlich beeinflussen die Umstände einer jeden Zeit und eines jeden Ortes, an dem der Koran gelesen wird, sein Verständnis. Aber das gilt für jeden Text. Wir wissen, daß wahrlich große Werke sich dadurch auszeichnen, daß sie ihre Anziehungskraft bewahren; sie sagen nicht nur denen etwas, an die der Text ursprünglich gerichtet war, sondern auch den Lesern späterer Generationen – um so mehr gilt dies für ein heiliges und ewiges Buch. Für jeden Leser oder genauer gesagt bei jedem Lesen – denn auch ein und derselbe Leser wird den Text in unterschiedlichen Lebenslagen anders verstehen – verschieben sich im Koran die Flächen von Licht und Dunkelheit. Erschaffen als freie Wesen, können wir selbst entscheiden, ob wir darin Dunkelheit sehen möchten, in der ein Licht schimmert, oder ein strahlendes, von Schatten durchbrochenes Licht.

So ist es, und so mußte es auch sein, denn das göttliche Wort ist auf uns gekommen in einem Text, verfaßt in der Sprache der Menschen, mit einer festgelegten Struktur und einer bestimmten Dimension. Seine Bedeutung ist unendlich und läßt sich unendlich erneuern, eben weil bei jedem Lesen Licht und Dunkelheit anders verteilt werden. Wäre der Koran für uns ohne irgendein Rätsel, so wäre er für die mekkanischen Zeitgenossen Mohammeds sicherlich unverständlich gewesen; und auch umgekehrt würde für uns heute die Lektüre des Korans keinen Sinn mehr ergeben, wenn jene ihn voll und ganz verstanden hätten.

Es ist sehr wahrscheinlich, daß ein Vers, über den wir heute nachdenken, für eine nicht unerhebliche Zahl anderer Leser eine geringere Bedeutung hatte. Hier schwingt eine andere psychologische Realität mit, die der Proustschen Intermittenz, des Versagens des Herzens: *Meinen (denn) die Menschen, sie würden (allein dadurch), daß sie sagen: »Wir sind gläubig«, (in Ruhe) gelassen werden, ohne (irgendwelchen) Prüfungen ausgesetzt zu werden?* (29,2)

Und daher mündet auch der bis dahin belehrende Vers in ein Gebet. Dieses Gebet soll zu der »beunruhigenden« Entdeckung führen, daß die Botschaften Gottes, wie es ein anderer Vers formuliert, *wie ein kurzes Aufleuchten für die Menschen sind, und eine Rechtleitung, eine Barmherzigkeit nur für die Leute, die sich in Sicherheit glauben.*[4]

Herr! Laß unser Herz nicht (vom rechten Weg) abschweifen, nachdem du uns rechtgeleitet hast! Und schenk uns Barmherzigkeit von dir! Du bist gewohnt zu schenken (3, 7).

Wieder werden wir daran erinnert, was die Lektüre des Korans bewirken soll. Wenn man den Koran in seiner Gesamtheit liest, wie es die Literataurwissenschaft bei jedem Text zu tun lehrt, läßt er sich mit jedem neuen Lesen allmählich weiter »ent-decken«. Diese Aussage finden wir im Korantext selbst, der sich damit nicht nur jedem möglichen Erkenntnisansatz gegenüber öffnet, sondern die Vielzahl der Interpretationen geradzu einfordert, damit der Mensch sich darin übe, ihn in seiner Gesamtheit zu entdecken.

4 Soweit die ins Deutsche übertragene Übersetzung des Autors, die jedoch von den deutschen Übersetzungen Khourys oder Parets abweicht: *Dies (d.h. die koranische Offenbarung) sind sichtbare Beweise von unserem Herrn und eine Rechtleitung und Barmherzigkeit für Leute, die glauben.* (7, 203) (Anm. d. Üs.)

Anhang

Glossar

Apologeten: Griech. *apologeisthai* = »sich mit Worten verteidigen«. Ein Apologet verteidigt eine Lehre oder Anschauung.

Eschatologisch: Adj. zu Eschatologie, der Lehre vom Weltende und vom Anbruch einer neuen Welt; sie schließt auch die letzten Dinge, den Tod und die Auferstehung mit ein.

Exegese: Auslegung oder Ausdeutung religiöser Texte.

Hadith: Dem Propheten zugeschriebene Texte und Zitate; sie werden ergänzt durch die *Sunna* (Lebensweise des Propheten). Beide Quellen begründen einen wesentlichen Bestandteil der islamischen Tradition.

Hedschra: Arabisch *hijra* = »Auswanderung«. Die Auswanderung des Propheten von Mekka nach Jathrib (später Medina genannt) ist Anfang der neuen, muslimischen Zeitrechnung, die auf dem zwölf Monate umfassenden Mondjahr beruht.

Islam: Arab., wörtlich = »Unterwerfung oder Hingabe des Menschen unter Gott«. Im Koran ist der Islam die dem Propheten Mohammed offenbarte Religion, die bereits früheren Propheten Gottes offenbart, aber im Judentum und Christentum verfälscht überliefert wurde.

Monotheismus: Religion, die nur einen Gott verehrt, wohingegen im Polytheismus (Vielgötterei) mehrere Götter angebetet werden. Im allgemeinen gelten die drei geoffenbarten Religionen Judentum, Christentum und Islam als monotheistische Religionen.

Muslim: Muslim leitet sich vom Wort »Islam« ab und bezeichnet einen Menschen, der sich Gott unterworfen und den Islam in Glauben, Ritus und Lebensweise als Religion angenommen hat.

Offenbarung: Eine an den Menschen gerichtete Botschaft Gottes. Eine Offenbarung wird den Menschen oft von zwei Vermittlern überbracht, einem Engel (im Islam über den Engel Gabriel) und einem Propheten.

Ökumenismus: Griech. *oikoumene* = »die bewohnte Erde, das Universum«. Die Bestrebung, alle Konfessionen im Islam als einzig wahrer Religion zu vereinigen. Das Ziel ist die Ökumene.

Ramadan: Einer der zwölf Monate des arabischen Mondjahres. Im Monat Ramadan hat die Offenbarung begonnen, weshalb dieser Monat nach Vorschrift des Korans als Fastenmonat begangen wird.

Sufi: Anhänger des Sufismus, einer mystischen Richtung des Islam.

Sunnit: Der Islam spaltet sich in zwei Richtungen: Sunniten und Schiiten. Die Mehrheit der Muslime sind Sunniten. Dem Schismus gehören circa 10% der Muslime an. Die Spaltung zwischen Sunniten und Schiiten geht auf einen Streit über die Nachfolge des Propheten zurück.

Sure: Der Koran ist in Suren unterschiedlicher Länge eingeteilt. Jede Sure umfaßt eine bestimmte Zahl von Versen.

Talion: Das Gesetz der proportionalen Wiedervergeltung. »Auge um Auge, Zahn um Zahn« bedeutet, daß Gerechtigkeit widerfahren muß. Das Gesetz der *Talion* ist zu unterscheiden von der Vendetta, die eine allmählichen Zunahme der gegenseitigen Gewalt entfesselt, manchmal bis hin zu Kriegen unter den Stämmen.

Tanjim: Abgeleitet von *najama* = »erscheinen (Stern), folgen, resultieren«. Es handelt sich hier um den rhetorischen Ansatz, einen Text um ein zentrales Thema herum konzentrisch zu entfalten. Diesen Ansatz findet man durchaus auch in biblischen Texten.

Transzendenz: Charakteristikum Gottes. Göttliche Transzendenz bedeutet, daß Gott außerhalb des Raumes und der Zeit existiert. Dies beinhaltet, daß das Sein und die Macht Gottes absolut und umfassend sind. Eine Gotteserfahrung sprengt die Grenzen des Diesseits.

Vulgata: Vom Lateinischen *editio vulgata* = »allgemein verbreitete Ausgabe«. Ursprünglich die lateinische Bibelübersetzung des Hieronymus von 382. Später wird die Bezeichnung »Vulgata« auch auf den Koran übertragen.

Literaturhinweise

Koranübersetzungen

Der Koran. Das heilige Buch des Islam, nach der Übertragung von Ludwig Ullmann neu bearbeitet und erläutert von L.W. Winter, München 1959.
Der Koran, Übersetzung von Adel Theodor Khoury unter Mitwirkung von Muhammed Salim Abdullah, Gütersloh 1987.
Der Koran, Übersetzung von Rudi Paret, Stuttgart, 4. Aufl. 1985.

Der Islam und sein Buch

ANDRAE, T., *Islamische Mystiker*, Stuttgart, 2. Aufl. 1980.

BUHL, F., *Das Leben Muhammeds*, Heidelberg, 3. Aufl. 1961.

ENDRESS, G., *Einführung in die islamische Geschichte*, München 1984.

KHOURY, A.T., *Der Islam. Sein Glaube, seine Lebensordnung, sein Anspruch*, Freiburg, Basel, Wien, 2. Aufl. 1993.

KHOURY, A.T., *Einführung in die Grundlagen des Islams*, Islam und westliche Welt 3, Graz, Wien, Köln, 2. Aufl. 1981.

KHOURY, A.T., *Wer war Mohammed? Lebensgeschichte und prophetischer Anspruch*, Freiburg 1990.

KHOURY, A.T., HAGEMANN, L., HEINE, P., *Islamlexikon – Geschichte, Ideen, Gestalten*, 3 Bände, Freiburg 1991.

KÜNG, H. u.a., *Christentum und Weltreligionen. Hinführung zum Dialog mit Islam, Hinduismus und Buddhismus*, München 1981.

MOUDOODI, S., *Weltanschauung und Leben im Islam*, Leicester 1978.

NAGEL, T., *Der Koran. Einführung – Texte – Erläuterungen*, München 1983.

PARET, R., *Mohammed und der Koran*, Stuttgart 1957.

PARET, R., *Der Koran: Kommentar und Konkordanz*, Stuttgart, 2. Aufl. 1968.

ROBBE, M. u.a., *Welt des Islam. Geschichte und Alltag einer Religion*, Leipzig, Jena, Berlin 1991.

SCHIMMEL, A. u.a., *Der Islam III*, Stuttgart 1990.

SCHIMMEL, A., *Die orientalische Katze. Mystik und Poesie des Orients*, Freiburg, 3. Aufl. 1996.

SCHIMMEL, A., *Die Zeichen Gottes: Die religiöse Welt des Islam*, München 1995.

SCHUON, F., *Den Islam verstehen. Eine Einführung in die innere Lehre und die mystische Erfahrung einer Weltreligion*, Bern, München, Wien, 2. Aufl. 1991.

WATT, W.M., WELCH, A.T., *Der Islam I*, Stuttgart 1980.

WATT, W.M., MARMURA, M., *Der Islam II*, Stuttgart 1985.

ZIRKER, H., *Islam. Theologische und gesellschaftliche Herausforderungen*, Düsseldorf 1993.

Register

Die *kursiv* gedruckten Seitenzahlen verweisen auf Abbildungen.

DIE RELIGIONEN IN DER WELT

ODON VALLET

Wohin steuern die Weltreligionen im 21. Jahrhundert?

Mit dem Niedergang der großen Ideologien sind auch die Weltreligionen in Bewegung geraten: Das Christentum dezentralisiert sich, der Islam ist auf dem Vormarsch, und der Buddhismus sowie der Hinduismus finden in der westlichen Welt immer mehr Anhänger – wobei die verschiedenen Glaubensrichtungen teilweise miteinander verschmelzen. Odon Vallet zeigt, daß bei all diesen Veränderungen die spirituellen Bedürfnisse der Menschen gleichgeblieben sind. Und stellt die Frage, ob diese Bedürfnisse von den sich wandelnden Religionen überhaupt noch oder vielleicht sogar besser als früher erfüllt werden können.

ISBN 3-404-93041-X

Mensch & Wissen

BLT

Mensch & Wissen
bei

BLT

Mensch & Wissen
bei

BLT

93027 Alain Lieury: Psychologie
93028 Ivar Ekeland: Chaos
93029 Thomas Wieke: Mobilität
93030 Armin Hüttermann: Australien
93031 Henri Favre: Lateinamerika
93032 Ghislain de Marsily: Wasser
93033 Christian Rémésy: Ernährung und Gesundheit
93034 Henri Lôo/Thierry Gallarda: Depressionen
93035 Nobert Frics: Sprache und Emotionen
93036 Franz Kromka: Mensch und Tier
93037 Patricia Dupin/Frédérique Hédon: Die weibliche Sexualität
93038 Sylvain Mimoun/Lucien Chaby: Die männliche Sexualität
93039 Annette Schmitt: Eifersucht
93040 Claude Lorius/Roger Gendrin: Antarktis
93041 Odon Vallet: Die Religionen in der Welt
93042 Philippe Jacquin: Indianer
93043 Claude Jaupart: Vulkane
93044 Jean de Miribel/Léon Vandermeersch: Chinesische Philosophie
93045 Jean Perdijon: Das Maß in Wissenschaft und Philosophie
93046 Ingo Hermann: Preußen
93047 Christophe André: Phobien
93048 Catherine Millet: Zeitgenössische Kunst
93049 Ana Mandé: Hexen